John Cornelius Griggs

Studien über die Musik in Amerika

John Cornelius Griggs

Studien über die Musik in Amerika

ISBN/EAN: 9783744634069

Hergestellt in Europa, USA, Kanada, Australien, Japan

Cover: Foto ©Thomas Meinert / pixelio.de

Weitere Bücher finden Sie auf **www.hansebooks.com**

Studien

über die

Musik in Amerika.

Dissertation

der

Philosophischen Fakultät der Universität Leipzig

zur

Erlangung der Doktorwürde

eingereicht von

John Cornelius Griggs.

Leipzig
Druck von Breitkopf & Härtel
1894.

Inhaltsverzeichnis.

                                                  Seite

Einleitung . . . . 1— 5

Nöthige Untersuchungen. — Bedeutung der musikalischen ererbten Form. — Eigenthümliche Entwickelung der Vereinigten Staaten. — Bedürfnis nach Musik. — Streitige Ansichten über die Zukunft der Musik in Amerika. — Zweck dieser Studien.

I. Die Psalmodie der Puritaner . . . . 6—20

Entdeckung, Erforschung und erste Ansiedelung in Amerika. — Spanische, französische, englische Kavaliere und Holländer übten keinen Einfluß auf die Musik aus. — Erste Keime der Musik von den Puritanern mitgebracht. — Luther's Stellung zur Musik im Vergleich zum Puritanismus. — Umstände, welche der Reformation folgten und den Puritanismus herbeiführten. — Psalmodie von Genf nach England und Schottland gebracht. — Genfer Psalmodie. — Verschiedene Typen der Puritaner. — Ainsworth's Psalter. — Vergleich zwischen Bostoner und Plymouth-Kolonien. — Bay Psalm Book.

II. Singing Schools & Hymnody . . . . 21—45

Entartung ursprünglicher Melodien. —»Rote« gegen »Regular« Singen. — Bemerkenswerthe Opposition gegen Wiedereinführung gedruckter Noten. — Reform des Gesangs dank den Anstrengungen der Geistlichkeit. — Gegenwärtige Gleichgiltigkeit der Geistlichen gegen die Bedürfnisse der Kirchenmusik. — Singing School und Theorie der Musik. — Indirekter Einfluß Händel's. — Hymnen eingeführt. —»Fuging tunes« und William Billings. — Fünf Arten von Melodien, welche auf die »fuging tunes« folgten. — »Old Hundred«. — Entartete Sunday School und Revivalistic-Musik der Gegenwart.

III. Der Church Choir . . . . 46—70

Der amerikanische choir besteht aus Gemeindemitgliedern und ist keineswegs ein geistliches Amt. — Daher seine erziehliche Macht, musikalische Wirkungslosigkeit und Mißbräuche. — Der choir unmittelbar aus der singing-school-Bewegung hervorgegangen. — Das »anthem«. — Eigenthümlich bildender Einfluß des choir. — Vergleich mit dem bildenden Einfluß der Chöre in Deutschland. — Musikalische Unwirksamkeit. — Besoldete Musiker. — Instrumente in der Kirche. — Der Quartett choir und daraus hervorgehende musikalische Bildung. — Daraus entstehende Übel. — Lösung der choir-Frage darf weder Gottesdienst noch Kunst ausschließen. — Persönliche Ausbildung der Chorsänger.

IV. Konzerte und Opern .... 71—81

Keine amerikanische Periode in weltlicher Musik. — Die Geschichte der Oper eine Geschichte fortdauernder Einführungen. — Amerikanische Theater. — Manuel Garcia. — »Theatermusik«. — Englische »ballad opera«, Geschmack am Sologesang. — Italienische Oper. — Theodor Thomas. — Leopold Damrosch. — Deutsche Oper. — Metropolitan Opernhaus in New-York. — Ursachen der Unbeständigkeit der Oper in den Vereinigten Staaten. — Stiftungen nöthig für eine dauernde Oper. — Französische Oper in New-Orleans. — New-York's fest dotirtes Konzertorchester. — New-York Philharmonic Society. — Die Händel & Haydn Soc. und das Symphony-orchestra in Boston. — Erfolg der fest dotirten Orchester.

V. Gelegenheiten zu musikalischer Bildung............ 81—88

Pianofortefabrikation in den Vereinigten Staaten. — Aufrechtstehende Klaviere. — Einfluß temperirter Instrumente auf musikalisches Denken. — Privatmusikunterricht von Konservatorien beeinflußt. — Musik in den Volksschulen. — Nägeli's Buch aus der Schweiz mitgebracht. — Lowell Mason. Luther Whiting Mason. — Professuren für Musik in Colleges und Universitäten. — Theologische Seminare.

VI. Schluss .... 88—94

Musikalische Befähigung der englischen Rasse noch eine verdrießliche Frage. — Amerikanische Charakterzüge zum großen Theil aus England angenommen. — Übersicht der Ergebnisse dieser fünf Studien. — Gewisse beispiellose musikalische Vortheile in den Vereinigten Staaten. — Komposition. — Der Fehler, augenblicklich Originalität zu verlangen als ein Zeichen des Fortschrittes. — Bücher und Zeitschriften, die zu Rathe gezogen wurden.

Einleitung.

Um einen vollständigen Einblick in das musikalische Leben eines Volkes zu gewinnen, ist es nöthig, die Bedingungen zu prüfen, unter welchen es anfing, und die musikalischen Formen, mit welchen das Volk zuerst bekannt gemacht wurde; ferner muß man die äußeren Einflüsse kennen lernen, welche von Zeit zu Zeit auf dieses Leben gewirkt und seinen Lauf oder die Schnelligkeit seiner Entwickelung verändert haben. In der Musik weit mehr als in der Litteratur ist der Einfluß der Form, welche von einer Nation oder einer Periode entdeckt und auf eine andere übertragen worden ist, ein entscheidender Faktor für ihren Fortschritt.

Obgleich in der Welt der Dichtung die rein epische oder lyrische Form, das Drama oder das Sonett, oft die Richtung der litterarischen Thätigkeit eines Volkes bestimmt haben, so sind doch die Schöpfungen der Litteratur, sowie ihr edelster Genuß in keiner Weise so abhängig von der genauen Bekanntschaft mit gewissen Formen oder irgend welcher technischen Bildung, als die Ausübung und Hervorbringung der Musik.

Mit anderen Worten, obgleich in der Litteratur viel Kunst enthalten ist, so ist doch noch etwas anderes darin, verschieden von Musik und Malerei, das nicht in Schopenhauer's Definition der Kunst, als dem Wiederschein idealer Schönheit, eingeschlossen werden kann.[1] Die Vorbereitung eines im Entwurf glücklichen Schriftstellers, abgesehen von natürlicher Begabung, umfaßt nichts, das so weit vom gewöhnlichen Lauf des Lebens und Denkens entfernt ist, als die jahrelange Übung oder das lebenslängliche Bekanntsein mit den Feinheiten der Harmonie und dem Bau des Kontrapunktes, welche ein tüchtiger, ausübender oder schaffender Musiker nöthig hat. Die Musik muß im Vergleich zu anderen Künsten viel weiter nach den Formen des Ausdrucks suchen. Der Baum, die Gestalt des menschlichen Körpers, der Schutz, den der Felsabhang gewährt, die Blume, jedes bietet ein Motiv, genügend, um die Kunst des Bildhauers

[1] Die Welt als Wille und Vorstellung. Buch III.

oder Malers zum vollen Ausdruck zu bringen; aber dem Musiker gewährt die Natur keine so vollkommene, abgeschlossene Form als Material zu seiner künstlerischen Gestaltung. Er muß sich vielmehr, lange im Finstern nach der Erfüllung seiner Wünsche umhertastend, selbst die Form schaffen, durch welche sein eigner, unübersetzbarer musikalischer Gedanke dem Ohr und Herzen eines Anderen nahe gebracht werden kann. Daß dies keine geringe Aufgabe war und ist, zeigt die ganze Geschichte der Musik. Die Gregorianischen Töne, die geistliche Polyphonie, die Oper, die Sonate sind alle Formen, die nur nach vielem Denken und Forschen entstanden. Jede von ihnen füllt eine Periode aus. Sie übersteigen weit die Grenzen eines Menschenlebens und erforderten fortdauernde Anstrengungen mehrerer Generationen. Da es wahr ist, daß die Musik in allen Entwickelungsstufen, außer ihrer frühesten, von einer ziemlich beträchtlichen Zunahme erfinderischen Studiums abhängt, welches von Leben zu Leben zu seinem vollen, freien Ausdruck übertragen worden ist, so ist es nöthig, um das musikalische Leben einer Nation zu würdigen, einerseits nach ihrem frühesten Erbe in der Musik zu fragen, andrerseits nach dem Einfluß, welcher in ihren Entwickelungsperioden von außen auf sie gewirkt hat.

Ein zweiter und wichtigerer Punkt, der in Frage kommt, wenn man die musikalische Erfahrung einer Nation verfolgt, bezieht sich darauf, ob die Formen, welche so ererbt sind, von dem Volke, welches sie erhielt, aufgenommen oder eingeschränkt worden sind, ob eingeborene Komponisten sie, als ihren eigenen Gedanken entsprechend, erfaßt und mit ihren eigenen Schöpfungen bereichert haben, oder ferner, ob die Musik festen Halt im Leben des Volkes gewonnen und irgend eine neue Form des Ausdrucks gefunden hat, welche dem nationalen Charakter entspricht.

Das Wachsthum der Vereinigten Staaten von Amerika ist das größte historische Phänomen dieses zu Ende gehenden Jahrhunderts. Es ist so innig mit der praktischen Anwendung der Gesetze der Naturwissenschaften verbunden, besonders im Reiche des Dampfes und der Elektricität, daß Amerika in dieser Hinsicht unter allen Nationen der Welt einen repräsentirenden Platz einnimmt. Fast eben soviel könnte von seiner Handelsthätigkeit gesagt werden. Sein materielles Gedeihen ist weltbekannt, doch ist es in den letzteren Jahren nicht zurückgeblieben im Suchen auch nach geistigen Vorzügen. Großartige Stiftungen, kürzlich in mehreren Fällen gegen eine Million Dollars, werden jährlich für Bildungsanstalten gemacht. Trotzdem noch viel Unklarheit in den Unterrichtssystemen herrscht, viel Energie verschwendet wird in thörichtem Verlangen, die Einrichtungen älterer Länder, auch wenn sie amerikanischen Bedürfnissen schlecht entsprechen, nachzuahmen, und dazu manchmal der Fehler gemacht wird, ungeduldig Dinge streng amerikanischer Natur zu verlangen, ohne zu überlegen, welche Bedingungen zu einem heimischen Wachsthum nöthig sind — trotz dieser und mancher anderer Fehler ist in der Hast und Aufregung des amerikanischen Lebens ein wirkliches Verlangen nach geistiger Entwickelung zu erblicken.

In der Musik, sowie in anderen Zweigen des Wissens strebt der Amerikaner mit Eifer nach dem Besitz alles dessen, was die Bildung und Erbschaft älterer Nationen ihm bieten kann. Boston gründet so zu sagen mit einem Schlage ein Orchester, das sich mit dem besten in der Welt vergleichen darf. New-York führt ebenso plötzlich eine vollständige, äußerst wirkungsvolle deutsche Operngesellschaft ein, unterstützt sie jahrelang und läßt ihr eine Reihe großartiger französischer und italienischer Opern folgen, in welchen die berühmtesten Künstler von London und Paris wirkten. Chicago wünscht sich die Dienste von Theodor Thomas, dem großen Orchester-Dirigenten und lockt ihn von New-York durch ein Gehalt,[1] welches Europäern fabelhaft erscheint. Die Werke moderner Komponisten werden gern willkommen geheißen. Versuche, wenn auch nur schwache, sind gemacht worden, Beethoven zu veranlassen in seinen letzten Lebensjahren einen Chor in großartigem Maßstab zu schreiben, besonders für den Händel- und Bachverein zu Boston. »Oberon« wurde in New-York am 6. Oktober 1827 aufgeführt, das ist ein Jahr nach seiner ersten Aufführung unter Weber's Leitung in London. Mendelssohns, »Paulus« wurde am 29. Oktober 1838 aufgeführt, also nur 2 Jahre nach seiner ersten Aufführung in Düsseldorf. Richard Wagner's Werke wurden in Amerika so warm aufgenommen, daß der Komponist veranlaßt wurde, es als seine »geistige Heimat« in einem Briefe zu bezeichnen, den er schrieb, als er die Ehrenmitgliedschaft in der New-Yorker Philharmonischen Gesellschaft annahm. Tschaikowsky war wohlbekannt, selbst ehe er New-York, im Winter 1890—91 besuchte. Brahms, Grieg, Rheinberger, Goldmark, Moszkowsky, Reinecke sind Namen, die dem amerikanischen Konzertbesucher keineswegs unbekannt sind. Es könnten noch viele Beispiele davon angeführt werden, wie Amerika neue Komponisten willkommen heißt und ihre Werke studirt; unter ihnen die Aufführungen von Gounod's, Bruch's und Dvořak's Werken, bald nach ihrer Veröffentlichung. Das Interesse für den letztgenannten Komponisten war so groß, daß dadurch im letzten Jahre seine Berufung nach New-York als Lehrer in der Komposition und Leiter eines Konservatoriums mit 10000 $

---

[1] Die Zeitung berichtet, daß der Kontrakt des Herrn Thomas mit Chicago auf 5 Jahre lautet bei 10000 $ jährlichem Gehalt.

Gehalt p. a. veranlaßt wurde. Der finanzielle Erfolg von Musikern, die nicht Komponisten sind, von europäischen Virtuosen ersten Ranges, ist so groß im Lande des Dollars, daß er sprichwörtlich geworden ist. Die Bestrebungen amerikanischer Bürger sind, wie in obenerwähnten Thatsachen angedeutet, augenscheinlich darauf gerichtet, sich die Ergebnisse musikalischer Studien älterer Länder so schnell als möglich zu eigen zu machen. Aber diese Resultate können nicht für Geld allein ge- oder verkauft werden, seien Käufer und Verkäufer auch noch so willig; denn diese Ergebnisse sind von viel größerer Bedeutung, als eine Reihe musikalischer Aufführungen. Wenn sie aber von so hohem Werthe sind, müssen sie einen tieferen Einfluß auf das alltägliche Leben des Volkes haben, als durch den persönlichen Einfluß oder die Bestrebungen fremder Künstler hervorgebracht werden kann, so ernst sie auch seien. Die zu ihrer Verwerthung nöthige Bedingung ist ein genügend vorgeschrittener Bildungsgrad und eine Stellungnahme der öffentlichen Meinung, die hinreichend thätig und empfänglich ist, dadurch die musikalischen Vortheile zu gewinnen, welche Reichthum und freier Verkehr mit der alten Welt so plötzlich nach Amerika gebracht haben. Und gerade hier liegen heutigen Tages die großen Fragen, um welche es sich in Bezug auf die Musik Amerikas handelt. Viele ihrer Freunde in der Heimath und im Auslande bezweifeln ernstlich einen wirklichen Fortschritt. Sie sagen, daß der praktische, unruhige Sinn der Amerikaner keinen tiefen Boden bietet, auf welchem die Kunst gedeihen kann, und daß Amerika jahrelang fortfahren könne, Musik vom Auslande einzuführen und sogar von der besten Art, ebenso, wie England die eigenthümliche Einrichtung der italienischen Oper eingeführt habe, aber daß es nicht mehr Erfolg im Wachsen musikalischen Lebens erwarten könne, als England seit Jahrhunderten im Aufbau einer Oper gehabt habe, zu welcher es das Material aus italienischen Quellen schöpfte. Und solche Zweifler legen wenig Gewicht auf die Thatsache, daß Hunderte von Amerikanern systematische musikalische Studien betrieben haben und noch betreiben, sowohl in der Heimat, als in großen musikalischen Städten Europas. Die hundert oder mehr Musik studirenden Amerikaner, welche z. B. jederzeit in Leipzig zu finden sind, sind ihnen kein besonders ermuthigendes Zeichen des Fortschritts. Die, welche so urtheilen, sagen, die Mittelmäßigen und mäßig Erfolgreichen unter ihnen, werden nur durch die Äußerlichkeiten der Musik, ihren Glanz und die Romantik, für welche alle jungen Seelen empfänglich sind, angezogen, ihr Erfolg ist nur das Ergebnis ihrer Erziehung und läßt nicht auf ihre Befähigung zur Musik schließen. Die wenigen, welche sich wirklich auszeichnen, nennen sie nur kurz Spieler, oder, wenn es sich um einen jungen Komponisten handelt, machen sie ihm seine deutsche Ausbildung, die nichts enthalte, was sich dem amerikanischen Leben anpasse, zum Vorwurf; sie finden ferner, daß die bloße Thatsache seiner amerikanischen Abstammung, ja selbst seine Arbeit in diesem Lande ihn nicht hindern werden, stets ausländisch zu bleiben.

Eine andere Klasse von Schwätzern über diesen Gegenstand, die die Geduld vorurtheilsfreier Kritiker fast ebenso auf die Probe stellen, ist unter den amerikanischen Musikern selbst zu finden und besteht aus denen, welche im Übermaß eines ungestümen Patriotismus für das sofortige Auftreten und die Anerkennung einer Schule amerikanischer Komponisten Lärm schlagen. Ihre Stimme ist oft im Lande gehört worden, stets in dem Bestreben, die Ansprüche dieses oder jenes eingeborenen Komponisten aufrecht zu halten, welcher, wenn man ihm nur ein williges Ohr leihen wollte, der Welt beweisen würde, daß der Tag kleinlicher Dinge endlich vorüber sei, daß Amerika durch die ursprünglichen Bestrebungen eines solchen, wie er sei, in wenigen kurzen Jahren etwas hervorgebracht hätte, das mit den Jahrhunderte alten Erfolgen in Frankreich, Deutschland und Italien verglichen werden könnte. Die Vertrauensseligkeit solcher Patrioten ist unumgänglich nothwendig, aber sie wird in musikalischen Angelegenheiten nichts nützen, wenn sie nicht durch ein ehrerbietiges Studium anderer Orte und Zeiten des Fortschritts und eine sorgfältige und bescheidene Erwägung der Bedingungen herabgestimmt wird, welche sich in Amerika bieten, um darauf aufzubauen. Die Hoffnung des patriotischen Stolzes ist ohne diese letzteren Bestrebungen ebenso vergeblich und sogar ebenso entmuthigend, wenn man sie sorgfältig prüft, als die traurigen Prophezeihungen der Zweifler, die sich nichts von der Musik in Amerika versprechen. Es ist nicht der Zweck der folgenden Studien, eine erschöpfende Geschichte der Musik in den Vereinigten Staaten von Amerika darzubieten. Das ist theilweise schon von Prof. Ritter geschehen in seinem höchst brauchbaren, aber keineswegs vorurtheilslosen Buche »Musik in Amerika.«[1] Ihr Zweck ist vielmehr, etwas Licht auf die Frage zu werfen, ob in der Geschichte der Musik, in den gegenwärtigen Einrichtungen und Bestrebungen eine Basis vorhanden ist, auf welche man mit Recht die Hoffnung auf ein wesentliches abhängiges sowohl als unabhängiges musikalisches Leben und auf Fortschritt setzen kann.

---

[1] Herausgegeben von Scribner in New-York 1883 und 1890.

I.

Die Psalmodie der Puritaner.

Die vier Jahrhunderte, welche jetzt verflossen sind, seit Kolumbus' erster Entdeckung in den westlichen Gewässern im Jahre 1492, können in ihrer Beziehung zur Geschichte der Vereinigten Staaten kurz bezeichnet werden als das Jahrhundert der Erforschung, bleibender Niederlassung, kolonialer Entwickelung und nationaler Existenz. Zu Anfang des sechzehnten Jahrhunderts war die Thatsache festgestellt worden, obgleich sie der Welt noch nicht bekannt gemacht wurde, daß anstatt des vielgewünschten westlichen Seewegs nach Ostindien ein Festland entdeckt worden war. Sobald sich die Kunde von diesem Ereignisse verbreitete, wurde das neue Festland das Ziel von Abenteurern aller Nationen. Amerigo Vespucci, De Soto, Cortez, Balboa, De Seon, brachten für die Spanier, Magellan für die Portugiesen, Cartier und Coligni den Franzosen, die Cabots, Drake, Gilbert und Raleigh den Briten Jahr für Jahr wunderbare Nachrichten über das neu entdeckte Land. Ungeheure Schätze wurden auch den civilisirten Indianern Perus und Mexicos entrissen. Aber sobald es augenscheinlich wurde, daß Nordamerika mit seinen wandernden Stämmen Wilder, den plündernden Abenteuerern keine solche Schätze bot, wie in Central- und Südamerika gefunden wurden, verlor es am besonderen Interesse für die Spanier. Dafür wurde es den verfolgten Protestanten in Frankreich und England anziehend und den romantischen Kavalieren Englands ein zur Kolonisation geeignetes Land. Obgleich vor Ausgang des sechzehnten Jahrhunderts von Franzosen und Engländern verschiedene Versuche gemacht wurden, Kolonien in den heutigen Vereinigten Staaten zu errichten, die alle erfolglos waren, obgleich schon um 1600 für Mexico und Canada von den Spaniern und Franzosen zu dem, was man die zukünftige nationale Richtung nennen könnte, der Grund gelegt wurde, so kann doch von einem dauernden Einfluß auf das Gebiet zwischen Mexico und Canada nicht die Rede sein. Die einzige dauernde Niederlassung

innerhalb dieser Grenzen war die von St. Augustine in Florida, welche
im Jahre 1565 von den Spaniern ins Leben gerufen wurde. Aber
ihr Einfluß ist nur unendlich klein gewesen im Vergleich zu den
späteren englischen und niederländischen Ansiedelungen. So sieht
man, daß das 16. Jahrhundert verfloß, ohne daß eine einzige Kolonie
gegründet wurde, welche einen großen Einfluß auf die Gestaltung
der Nation hätte haben können. Es war in der That die Periode
der Erforschung, aber in Bezug auf die Kolonisation nur eine Zeit
erfolgloser Versuche. Jedoch zu Anfang eines neuen Jahrhunderts
folgten rasch auf einander Ereignisse, welche von entscheidender
Wichtigkeit für die Feststellung der Eigenthümlichkeiten und Überlieferungen der zukünftigen Einwohner der Vereinigten Staaten waren.
Diese waren: die Ansiedlung der Briten in Jamestown, Virginia, im
Jahre 1607, die Übersiedelung der Holländer am Hudson in New-Amsterdam, bis nach Albany 1613, und die Landung einer Puritaner-Kolonie, bekannt unter dem Namen die »Pilgrims«, in Plymouth,
Massachusetts, im Jahre 1620. Die Virginia-Ansiedelung kann in
gewissem Sinne als die Folge der vergeblichen Versuche zur Kolonisation betrachtet werden, die von Sir Walter Raleigh im vorhergehenden Jahrhundert gemacht wurden. Obgleich sie sich zu der
eigenthümlichen manorial Civilisation (ähnlich der deutschen Ritterschaft) entwickelte, die so trefflich in Thackeray's Erzählung »The
Virginians« geschildert ist, und einige von Amerikas größten Staatsmännern hervorbrachte, Patrick Henry, Jefferson, Madison, und
unter ihnen sogar selbst George Washington, so besaßen ihre Mitglieder doch nicht jene Eigenschaften außerordentlicher Gewissenhaftigkeit in Bezug auf persönliche Pflicht und religiöse Thätigkeit,
welche bei den Pilgrims zu sehen ist. Sie besaßen auch nicht die
hartnäckige Ausdauer und den außerordentlichen geschäftlichen Unternehmungsgeist, welchen die nördlichen Kolonien, — die Holländer
sowohl, als die Engländer, — der Nation als ihren hervorragendsten
Charakterzug aufprägten. Der aristokratische Charakter der Ansiedler
von Virginia und die Hitze des Klimas waren zwei Ursachen, die
zur baldigen Einführung der Negersklaven in die südlichen Kolonien
führten, wo die Sklaverei ein beklagenswerther und beinahe unausrottbarer Zug im socialen Leben wurde.

Fisher sagt in Bezug auf diese Kolonie[1]: »A majority of the
first colonists were gentlemen not wonted to labor. — The Jamestown colony seemed likely to become extinct, when, in 1610 Lord
Delaware arrived with fresh supplies and colonists. — After 1624
the colony grew rapidly, its chief support being tobacco. The

---
[1] Outlines of Universal History p. p. 443—445,

people lived on their estates and plantations, employing indented servants and negro slaves«.

In der Geschichte dieser Virginia-Ansiedelung ist nichts zu finden, was auf die Anfänge eines musikalischen Lebens hinweist. Die reichen Pflanzer entlehnten ihre ganze Musik, sowie die übrige Bildung aus England oder Frankreich. Das Spinet und das englische Klavier waren in ihren Herrenhäusern zur selben Zeit zu finden, als sie einen Platz in Englands maßgebenden Häusern hatten. Das gesellschaftliche Leben spiegelte das Englands wieder und wurde so innig in Übereinstimmung damit gebracht, als die Bedürfnisse des Lebens an der Grenze und die beschränkten Verkehrsmittel es nur gestatteten. Der Gottesdienst stimmte in der Hauptsache mit den Gebräuchen der Episcopal Church, d. h. der englischen Staatskirche, überein; die Kirchenmusik zeigte keine anderen Züge, als die Beschränkungen, durch welche sie sich von der Musik unterscheiden sollte, welche zu entsprechenden Zeiten in England im Gebrauch war.

Die holländischen Kolonisten von New York und Umgebung hinterließen also ihren Nachkommen und den Engländern, von welchen sie bald aus ihrem nordamerikanischen Gebiete[1] verdrängt wurden, keine schätzenswerthen musikalischen Überlieferungen. Die Puritaner waren es, durch welche zuerst die einzige musikalische Form in Amerika eingeführt wurde, welche, obgleich äußerst primitiv, doch die Grundlage bildete, auf welcher sich zweihundert Jahre lang fast die ganze Musik und musikalische Erfahrung aufbaute. Aus diesem Anfange, nämlich der Sitte, während des Gottesdienstes metrische Übertragungen der Psalmen zu singen, erwuchs das ganze System der Kirchenmusik in den jetzt liturgischen Kirchen, welche der größte und einzige Faktor in der Leitung und Bestimmung des musikalischen Geschmacks und der Gewohnheiten der Amerikaner gewesen ist und noch jetzt ist. Der Haß der Puritaner gegen die Kunst ist allgemein bekannt, und es ist außerordentlich interessant, zu beobachten, daß trotz dieser heftigen Abneigung, es gerade diese Sekte war, welche dem neuen Lande eine Form der Kunst brachte, die bestimmt war, zu bestehen und sich zu großer Bedeutung zu entwickeln.

Nicht lange nach der Landung der »Pilgrims« gründeten andere Puritaner Ansiedelungen in Salem 1628 und in Boston 1630, welche unter dem Namen die »Company of the Massachusetts Bay in New England« vereinigt wurden. Aber ehe wir den Fortschritt der Psalmodie in Neu-England betrachten, ist es nöthig, die Vorgeschichte der Puritaner zu erforschen und zu untersuchen, was wirklich ihre

---

[1] New Amsterdam acquired by the English and named New-York in 1664.

Überzeugungen und die Überlieferungen in Bezug auf das Singen und die Musik im Allgemeinen waren, welche sie seit den Tagen der Reformation gepflegt hatten.

Gerade hundert Jahre vor der oben erwähnten Landung der »Pilgrims« in Plymouth fand die förmliche Trennung Martin Luther's von der römischen Kirche statt, seine Exkommunikation durch Papst Leo X: im Jahre 1520. Die Reformation hatte sich während dieser hundert Jahre in England und Deutschland so ganz verschieden vorbereitet, daß nur wenig Gemeinschaft in religiösen Anschauungen zwischen den Puritanern von 1620, oder überhaupt zwischen irgend welchen englischen Protestanten und den Lutheranern bestand. Die Unterschiede waren nicht so ausgesprochen in der Art und Weise der aufgestellten Glaubenssätze — obgleich hier Differenzen herrschten — wie in der Stellung zur katholischen Kirche und zu verschiedenen Formen des Gottesdienstes. Dies zeigt sich deutlich an den verschiedenen Maßregeln, die von Luther, der Staatskirche von England, den Puritanern und Calvin getroffen wurden, um die Musik in ihren verschiedenen Kirchen zu regeln. Luther war durch die entartete Verfassung der Kirche und durch ihre Unfähigkeit, bei ihren damaligen Einrichtungen, den Menschen Gottes Wege zu offenbaren und sie zu Gott zu führen, aufgeweckt worden. Luther richtete seinen Widerspruch jedoch ursprünglich nicht gegen die römische Kirche selbst, sondern, als Mitglied jener Kirche, gegen die Mißbräuche, welche in ihr herrschten. Und obgleich er, als der Bruch sich erweiterte, von der Gerechtigkeit seiner Sache, als Zerstörer der kirchlichen Korruption und als Reformator der vom Papst unabhängigen Kirche überzeugt war, obgleich sich große Bitterkeit bei seinen Anhängern offenbarte, zeigte er selbst niemals einen solchen Haß gegen die katholische Kirche, daß er alle Mittel, welche sie gebraucht hatte, verworfen und verabscheut hätte, wie es die Puritaner thaten. Sein Werk war Reformation im strengsten Sinne des Wortes und er machte sich im Verlaufe derselben so viele Mittel nutzbar, die schon in der katholischen Kirche zur Hand waren, als seinen edlen Zwecken dienen konnten. Bei der Tiefe seines Herzens und seiner reich angelegten Natur erblickte er in der Musik ein gewaltiges Mittel, um die Menschen zu erheben, sie zum Gottesdienste heranzuziehen und ihnen diesen dienlich zu machen. Deshalb war ihm die Musik willkommen und er that viel zu ihrer Hebung. Er versuchte nicht die unhaltbare Behauptung aufzustellen, daß Musik als Kunst und Musik im Dienste Gottes zwei verschiedene Dinge wären, welche deutlich aus einander gehalten werden müßten, wie viele amerikanische Psalmodisten fälschlich thaten und noch thun. Dies zeigt sowohl seine Bewunderung für das Werk

Josquin de Pres'[1], welcher der vorgeschrittenste Musiker jener Zeit war, als auch die folgenden, oft angeführten Worte:

»Denn wo die natürliche Musik durch die Kunst geschärft und polirt wird, da sichet und erkennet man erst zum Heil (denn gänzlich kanns nicht begriffen noch verstanden werden) mit grosser Verwunderung die grosse und vollkommene Weisheit Gottes in seinem wunderbarlichem Werk der Musica, in welchem vor allem das seltsam und zu verwundern ist, daß einer eine schlichte Weise oder Tenor (wie es die Musici heißen) hersinget, neben welcher drei, vier oder fünf Stimmen auch gesungen werden, die um solche schlichte einfältige Weise oder Tenor gleich als mit Jauchzen gerings herum her spielen und springen, und mit mancherlei Art und Klang dieselbige Weise wunderbarlich zieren und schmücken, und gleich wie einen himmlischen Tonreihen führen, freundlich einander begegnen und sich gleich herzen und lieblich umfangen. Also daß diejenigen, so solches ein wenig verstehen, und dadurch bewegt werden, sich des heftigs verwundern müssen und meinen, daß nichts Seltsameres in der Welt sei, denn ein solcher Gesang mit vielen Stimmen geschmückt. Wer aber dazu keine Lust noch Liebe hat, und durch solch lieblich Wunderwerk nicht bewegt wird, das muß wahrlich ein grober Klotz sein, der nicht werth ist, daß er solche liebliche Musik, sondern das wüste Eselgeschrei des Chorals oder der Hunde oder Säue Gesang und Musik höre.«[2]

Aber diese Worte Luther's sind nicht nöthig, um die Thatsache zu beweisen, denn wenn sie nicht erhalten geblieben wären, so würde seine Stellung zur Sache doch klar geworden sein aus dem thätigen Antheil, welchen er an der Vorbereitung und der gesammten Durchsicht von Johann Walther's »Geystliche gesank Buchleyn«[3] nahm. Es waren drei Quellen, aus denen diese Musik geschöpft wurde.[4] 1. die alten lateinischen Hymnen; 2. die deutschen heiligen Gesänge, welche aus den früheren Mysterien und anderwärts hervorgegangen und nach und nach gelegentlich im katholischen Gottesdienst in Gebrauch gekommen waren; 3. der reiche Schatz weltlicher

---

[1] Wilhelm Langhans, Die Musik-Geschichte p. 51. »Diese Meinung spricht auch Luther, der zu seinen eifrigsten Verehrern gehörte, mit den Worten aus: »Josquin ist ein Meister der Noten: diese haben thun müssen, wie er gewollt, andere Komponisten müssen thun, wie die Noten wollen«, und von seinen Kompositionen sagt er, »sie seien fröhlich, willig, milde und lieblich, nicht gezwungen noch genöthigt und nicht an die Regeln stracks und schnurgleich gebunden, sondern frei wie des Finken Gesang.«

[2] Von Donner, Handbuch der Musik-Geschichte, p. 180 und Forkel, Geschichte II 76.

[3] Wittenberg 1524.

[4] Carl von Winterfeld. »Der Evangelische Kirchengesang.«

Volkslieder, die vom ganzen Volke gekannt und geliebt wurden Die Freisinnigkeit, die sich in der Auswahl dieser Musik zeigte. stimmte völlig mit dem Geist überein, den Luther fast bei allen Gelegenheiten zeigte. Abgesehen von einigen wenigen, merkwürdigen Ausnahmen in Bezug auf dogmatische Theologie, war er ein wunderbar vorurtheilsfreier Mann. In seinem Rundschreiben, welches er 1524 an die Bürgermeister und Räthe aller deutschen Städte richtete, verwendete er sich für die wissenschaftliche Ausbildung von Geistlichen und Laien,[1] indem er einen weiten Blick für die Beziehung der Kirche zu jenen aufklärenden Einflüssen in der Welt zeigt, welche nicht in ihrer ersten Bedeutung streng religiös sind.

Und hier wieder, in der Wahl von Hymnen und Kirchenmusik aus katholischen und weltlichen Quellen, kam seine Überzeugung klar zum Ausdruck, daß das dem Gesange innewohnende Edle dem Dienste Gottes würdig sei. selbst wenn es ursprünglich nicht den Stempel »protestantisch« oder »heilig« getragen hatte. Der Einfluß, den dieses musikalische Leben in der Kirche auf die Lutheraner ausübte, wurde selbst von der Kirche in Rom gefühlt. Aber solche Ideen waren den englischen Puritanern fremd. Ihnen erschien Alles, was mit dem Katholizismus verbunden gewesen war, durch das Papstthum entsetzlich befleckt.[2] Alles Weltliche war wollüstig und eine Schlinge des Teufels. Die eifrige Strenge ihres Glaubens, und ihre Verfolgung hatten ihnen einen hohen Grad von Standhaftigkeit wider alle wirkliche und eingebildete Gottlosigkeit gegeben. Die Leichtfertigkeit, welche sie am besten kennen gelernt hatten, war die, welche in Verbindung mit der Pracht der mächtigen Kirchen von Rom und England bestand, oder in Verbindung mit den Ausschweifungen eines besonders verderbten Zeitalters; so waren sie dazu gelangt, auf allen Glanz und alle Kunst in der Kirche als eine Entheiligung herabzublicken und alle Kunst und Unterhaltung außerhalb derselben für Verderbtheit zu halten. Die Lage der Dinge in Deutschlands erstem Jahrhundert unter der Herrschaft des Protestantismus ist deshalb besonders erörtert worden, weil sie durch den Gegensatz deutlich die Elemente zeigt, deren Mangel es bei den Puritanern verursachte, daß ihre musikalische Erfahrung ihren eigenthümlichen Stempel erhielt und auf die »Psalmodie« beschränkt wurde, sowohl vor, als lange nach ihrer Einwanderung in Amerika. Nebenbei mag jedoch darauf hingewiesen werden, daß die Lehre Luther's in der That das ganze Volk mit sich fortriß in jenen Theilen

---

[1] Schumann, Lehrbuch der Pädagogik I. 160.
[2] Die Predigten der Puritaner verweisen oft auf den Papst, als »jenen Mann der Sünde« oder den »Antichrist.«

von Deutschland, wo sie vorherrschte. während der Puritanismus nur von den weitgehendsten englischen Protestanten vertreten wurde, die der englischen Staatskirche hätten erhalten werden können, wenn sich diese Kirche ein wenig mehr von Rom entfernt hätte.[1] Aber aufs Äußerste getrieben gerade durch ihre Trennung und einmal losgelöst von Männern von gemäßigtem Standpunkte, vermochten sie nicht mehr, dem Laufe ihrer religiösen Gedanken Einhalt zu gebieten.

Die Regierung Heinrich's VIII. von England von 1509—1547 deckt sich fast genau mit dem Zeitraum von Luther's Lebensthätigkeit, von seiner Ernennung zum Professor der Theologie in Wittenberg 1508 bis zu seinem Tode 1546. Der eigenthümliche Lauf, den die Kirchengeschichte zu jener Zeit in England nahm, wurde bestimmt durch Heinrichs wechselnde Haltung gegen die Ansprüche der Katholiken und Protestanten und nach seinem Tode durch die sehr verschiedenen Sympathien seiner drei Kinder, Eduard VI., Maria und Elisabeth, welche ihm alle der Reihe nach auf dem Throne folgten. Während in Deutschland die religiösen Kämpfe zwischen den katholischen und protestantischen Parteien des Landes stattfanden, nahmen in England die beiden kämpfenden Parteien denselben Boden ein, und die eine oder andere Partei gewann die Oberhand. je nach der Zuneigung des Monarchen, der den Thron einnahm.

Heinrichs erste Gemahlin. Katharina, die Tochter Ferdinands und Isabellas von Spanien, war eine eifrige Katholikin. Heinrich trat Luther anfangs heftig entgegen und erhielt vom Papst den Titel eines Beschützers des Glaubens, in Anerkennung des Pamphlets. welches er gegen Luther's Ketzerei 1522 schrieb. Aber später, als er selbst mit dem Bann belegt wurde, weil er darauf bestand, sich von Katharina zu trennen, um Anna Boleyn zu heirathen, benutzte er sehr gern die zunehmende öffentliche Meinung zu Gunsten des Protestantismus und veranlaßte das Parlament zu der Erklärung. daß das Oberhaupt der englischen Kirche nicht der Papst. sondern der regierende Fürst sei. Klöster wurden gewaltsam aufgelöst und Kircheneigenthum in Heinrichs eigenem Interesse verwendet. Aber kaum war dies ausgeführt, so zog sich der König von denen zurück. die wirklich an den Geist des Protestantismus glaubten und sich zu Anhängern Luther's bekannten. und ließ die Macht in die Hände

---

[1] »In truth but for one obstacle it is probable that the Reformation in England would have assumed a form that might have postponed for many years the appearance of the Puritans as a distinct party in the church of the state. That obstacle was the queen 'Elizabeth' herself.« Campbell's "The Puritans in Holland, England and America." I. 437.

derer gelangen, die noch Katholiken, aber nicht mehr Papisten waren.[1]

So wurde eine Kirche gegründet, welche, obgleich sie weit entfernt davon war, den Wünschen treuer Katholiken entgegen zu kommen, noch viel weniger die Überzeugungen jener befriedigte, die Luther's Grundsatz völlig angenommen hatten, nämlich, daß die echte religiöse Erfahrung des Einzelnen von größerer Wichtigkeit sei, als alle Formen und kirchlichen Einrichtungen.

Es würde ganz außerhalb dieser Studie liegen, die Ereignisse unter den drei nächsten Regierungen eingehend zu verfolgen. Es genügt, um die Stellung der Puritaner zu verstehen, die Bemerkung, daß unter der Regierung Eduard VI., des Sohnes Heinrichs aus dritter Ehe, die Kirche ganz ausgesprochen protestantisch wurde; aber daß im Jahre 1553 bei der Thronbesteigung Marias, — der Tochter Katharinas, gleich ihr eine eifrige Katholikin — eine heftige Verfolgung der Protestanten anfing, und viele der strengsten Protestanten ins Ausland flohen, besonders zu der Calvinistengemeinde nach Genf. Ferner sei nur noch erwähnt, daß Elisabeth, die Tochter Anna Boleyns, eine konservative Protestantin bei ihrer Thronbesteigung, zugab, daß die Kirche sich wieder dem Protestantismus zuneigte, umsomehr, da das Volk der Verfolgung überdrüssig war, welche fünf Jahre lang unter der »Blutigen Maria« gewüthet hatte. Die Genfer Flüchtlinge kehrten zurück, und obgleich wenige, wenn überhaupt welche, einen Platz in der Staatskirche fanden, so war es ihnen doch möglich, eine Zeit lang in ihrem Heimathlande zu bleiben, ohne ihren religiösen Ansichten entsagen zu müssen. Auch viele schottische Flüchtlinge kehrten um diese Zeit aus Genf zurück und hatten so großen Erfolg mit ihrer Propaganda für den Puritanismus, daß er 1560 unter der Leitung von John Knox, unter dem Namen Presbyterianismus, als Staatsreligion für das Königreich Schottland eingeführt wurde.

Diese Flüchtlinge brachten die Sitte mit, Psalmen nach metrischen Weisen zu singen, welche sie von den Genfer Calvinisten gelernt hatten. Die ganze Richtung des religiösen Lebens der Calvi-

---

[1] "The six articles were passed, asserting the Roman Catholic doctrines, and punishing those who denied transubstantiation with death. The queen, Anne Boleyn, was executed on the charge of infidelity to her marriage vows. A few years later Thomas Cromwell was sent to the scaffold for the part which he took in the negotiation of a marriage of the king with a German Protestant princess. Lutheran bishops were thrown into the Tower. — The system of a national church, of which the king, and not the pope, was the head, when the doctrine was Roman Catholic and the great ecclesiastical officers were appointed, like civil officers, by the monarch, was the creation of Henry VIII. "G. P. Fisher." Outlines of Universal History" 407.

nisten war ernster, als die der Lutheraner, und ihr Glaube strenger. Sein hervorragendster Zug war die Überzeugung von dem alles bestrafenden Zorn Gottes, anstatt von der alles umfassenden Liebe, welche Luther in Jesus Christus fand. Aber Beide, Calvin und Luther, verlangten religiöse Erfahrung und thätiges Lob, Preis und Anbetung als das Vorrecht und die Pflicht des Einzelwesens. Sie einigten sich in dem großen Grundsatze, daß die Kirche mit ihrer Geistlichkeit und ihren Gebräuchen nicht zwischen dem innigen Anbeter und Gott stehen solle, denn der einzige Vermittler wäre der Mensch Jesus Christus. In der Verfolgung dieses Grundsatzes der geistigen Selbständigkeit des Individuums übertraten sie Beide das Gebot des Konzils zu Laodicea, welches 367 allen die Theilnahme am Kirchengesang verweigerte, außer denen, die besonders dazu bestellt waren.[1]

Aber während Luther mit Freigebigkeit für den Kirchengesang des Volkes gesorgt hatte, indem er die Mittel, welche schon zur Hand waren, abänderte und anpaßte, duldeten die Calvinisten und mit ihnen die englischen Puritaner und schottischen Presbyterianer nichts in ihrem Gottesdienste, was nicht wörtlich durch die Bibel bestätigt wurde. David war ihr großes Muster und seine Psalmen schienen ihnen der einzige Text zu sein, der in der Gegenwart des Allmächtigen ohne Gotteslästerung gesungen werden konnte.

Die britischen Flüchtlinge hatten in Genf ein fest organisirtes Kirchensystem vorgefunden. Der Protestantismus war seit fast zwanzig Jahren als Staatsreligion eingesetzt und hatte den größten Theil dieser Zeit die persönliche Leitung Calvins genossen. Die französische Übersetzung der Psalmen, von Claude Marot in Paris zur Unterhaltung des katholischen Hofes angefangen, war zu Calvin's Kenntniß gelangt, als Marot nach Genf geflohen war.[2] Das Werk

---

[1] »Durch Luther's Reformation wurde zunächst der Bann gehoben, der seit dem Concil von Laodicea auf der Kirchenmusik ruhte seit der damals erlassenen Verordnung, welche den Gesang beim Gottesdienst ausschließlich den dazu bestellten Sängern überwiesen hatte. Denn wie der Protestantismus im Gegensatz zum Katholicismus die geistige Selbständigkeit des Individuums als sein eigentliches Ziel verfolgte, so betrachtete sein Stifter auch den Gesang der Gemeinde als wesentliche Bedingung des Gottesdienstes und als ein wirksames Mittel zur Erweckung seiner selbständig religiösen Empfindungsweise.« Wilhelm Langhans, Die Musikgeschichte, 57.

[2] Die Übersetzung war zuerst nicht für irgend eine besondere religiöse Sekte, oder einen besonderen öffentlichen Gottesdienst bestimmt. — Die Katholiken machten zuerst freien Gebrauch davon. Aber Calvin's Einführung des Psalmensingens in den öffentlichen Gottesdienst seiner Anhänger ließ sie ketzerisch erscheinen. J. R. Sterndale-Bennett in Grove's »Dictionary of Music und Musicians« I. 612.

der Übersetzung wurde von Marot in Genf und später von Bèze in Lausanne fortgeführt. Ein unvollständiger Psalter wurde 1543 veröffentlicht; trotzdem besaß die Genfer Kirche erst mehrere Jahre später, sogar erst nach der Rückkehr der britischen Flüchtlinge, eine vollständige französiche Übertragung der Psalmen nach Silbenmaß zum Gesang geeignet.

Aber sogar vor ihrer Abreise aus England hatten die Puritaner den Einfluß der Genfer Sitten gefühlt und Sternhold fing 1549 an. Vorbereitungen zu einer Übertragung der Psalmen ins Englische zu treffen, die zwei Jahre später von Hopkins fortgesetzt wurde. Diese wurde in Genf von den Flüchtlingen fortgeführt und das Resultat der Arbeit dort 1556[1] veröffentlicht. Nach der Rückkehr nach England wurde der Psalter vollendet und erschien zuerst als Ganzes 1562 mit vierzig einstimmigen Melodien, die lutherischen Gesangbüchern und den Genfer Psaltern entnommen waren und in einigen Fällen von englischen Balladen stammten. Diese vierzig Melodien wurden bald von Tallis und Anderen vierstimmig gemacht und so in späteren Auflagen herausgegeben. Dieser Psalter wurde die »Old Version« oder die »Sternhold and Hopkins Version« genannt und blieb bis zum gegenwärtigen Jahrhundert in der Staatskirche in Gebrauch. Denn die »Psalmody« kam den Bedürfnissen der Zeiten so genau entgegen, daß sie sofort von allen englischen Protestanten willkommen geheißen wurde. Strype, ein Chronikenschreiber jener Zeit, weist verschiedentlich auf diese Thatsache hin, unter Anderem in Folgendem:

»1559 September. The new Morning Prayer at St. Autholins: London; the bell beginning to ring at five, when a psalm was sung after the Geneva fashion: all the congregation, men, women, and boys singing together«.

In der englischen Kirche selbst faßte dieser Gebrauch festen Fuß und verdrängte wirklich den Gesang der Hymnen bis zum 18. Jahrhundert, wo man anfing, heilige Hymnen zugleich mit den Psalmen zu benutzen. Dies wirkte keineswegs störend auf die liturgische Musik ein. Beide wurden damals, wie noch jetzt, im englischen Gottesdienst angewandt. Aber weil die »Psalmody« die

---

[1] Die Herausgabe der verschiedenen Genfer Psalter und die Kompositionen ihrer verschiedenen Melodien sind der Gegenstand vieler Streitigkeiten geworden : die ausführlichste Behandlung dieser Frage ist in Donen's »Clement Marot et le Psautier Huguenot« 2 vols, Paris 1878—79, zu finden.

Siehe auch Abhandlung von Colin Brown in »British and Foreign Evangelical Review« Oktober 1870. Eine Zusammenstellung der Beweise, die darauf hinweisen, daß Louis Bourgeois der musikalische Verfasser gewesen ist, ist dem Nachtrag zu Grove's »Dictionary« beigefügt (Vol. IV, 557) von G. A. Crawford.

Hymnen ungefähr zwei Jahrhunderte lang aus der englischen Kirche praktisch ausschloß, war ihr Einfluß von streng musikalischem Standpunkt aus beurtheilt, ein schlechter. Es ist sicher, daß ein Anfang im protestantischen »Hymnus« in den ersten Zeiten der Reformation in England gemacht worden war.[1] Wie verschieden ist die Wirkung des Genfer musikalischen Einflusses in England und Deutschland! In England wurde »Psalmody« mit ihren äußerst schwachen musikalischen Hülfsquellen die einzige Musik für den Gottesdienst, an welcher das Volk theilnahm. In Deutschland wurde sie gut aufgenommen, eine deutsche Übersetzung von Marot's und Bèze's Psalmen wurde 1573 in Leipzig herausgegeben, mit den Melodien, die Goudimel für vier Stimmen eingerichtet hatte. Aber ihre Anwendung, die allgemein wurde, scheint in keiner Weise dem vollen Genuß jener anderen erhabenen Formen Eintrag gethan zu haben, welche Luther dem Volke geboten hatte.

Vertrat nun die »Psalmody« eine Zeit lang bei den Mitgliedern der englischen Kirche den Hymnus, so war sie doch von weit größerer Bedeutung für die Puritaner. Und das Wort Puritaner ist hier im weiteren Sinne gebraucht, der alle diejenigen einschließt, die sich unter verschiedenen Namen, von Zeit zu Zeit weigerten, die Gebräuche der englischen Staatskirche anzunehmen. — Scotch Presbyterians Non-Confirmists, d. h. jene, welche sich weigerten, sich den angenommenen Gebräuchen zu fügen und es doch nicht für nöthig hielten, sich von der Kirche zurückzuziehen, — ferner andere Puritaner, die die Ansichten der Non-Confirmisten theilten, jedoch nicht so weit gehen wollten, wie die Non-Confirmisten, und deshalb, obgleich unter Einspruch den Verordnungen der Kirche zustimmten, — und endlich bis aufs äußerste gehend die Independents, die sich gänzlich von der englischen Staatskirche lossagten und so demokratisch in ihrer Kirchenpolitik waren, daß sie das kunstvolle System der Kirchenregierung mißbilligten, das unter den Presbyterianern und den Calvinisten zur Herrschaft gelangte. Obgleich die Glaubensmeinungen aller dieser Puritaner unter einander abweichen, waren sie der Art, daß die »Psalmody« die einzig mögliche Kirchenmusik für sie war. Einige der Independenten widersetzten sich allem Ge-

---

[1] Nach der Reformation wurde die Entwickelung der Hymnody, in beiden Theilen Großbrittaniens, durch das Beispiel und den Einfluß Genfs zurückgehalten. Erzbischof Crammer scheint einmal geneigt gewesen zu sein, Luther zu folgen, und dem Volke, in englischem Gewande wenigstens einige der alten Kirchenhymnen zu überlassen. King Henry's »Primer« von 1645 enthält englische, metrische Übersetzungen einiger der bekanntesten ambrosianischen Gesänge und anderer frühzeitiger Hymnen. Aber unter der darauf folgenden Regierung herrschten andere Ansichten vor. »Encyclopaedia Brittanica. Article Hymns.«

sange, da er den Ritualismus anrege; aber sobald sich dieser Widerspruch erhob, was oft geschah, traten immer andere mit ruhigerem Urtheil auf, um darauf hinzuweisen, daß das nicht ritualistische Prinzip, obgleich es gut sei, gerade wie viele andere Prinzipien in Lächerlichkeit enden würde, wenn man es auf's Äußerste triebe. Viele andere Fragen, die uns lächerlich erscheinen, erhoben sich von Zeit zu Zeit[1], aber sie zeigen, welche Gewissenssache alles das von Anfang an war.

Die obenerwähnten Kolonien der Puritaner, die sich in Amerika ansiedelten, vertraten sowohl die Independenten, als die Nonconformisten. Die erste Kolonie, die sogenannten »Pilgrims« in Plymouth, Massachusetts, waren Independenten, die eine Zeit lang in Leyden, Holland, gelebt hatten. Obgleich diese holländische Kolonie äußerst weitgehende Ansichten hatte, hielt sie das Singen metrischer Psalmen, aus einem gedruckten Buche für recht, und einer ihrer Anführer, Ainsworth, interessirte sich so für die Angelegenheit, daß er selbst eine Übersetzung der Psalmen vorbereitete, welche 1612 in Amsterdam veröffentlicht wurde. Dieses Buch brachten die »Pilgrims« acht Jahre später von Holland mit nach Amerika und es blieb bis 1692 in Plymouth in Gebrauch, bis es dem »Bay Psalm Book«[2] Platz machte, einem merkwürdigen Buche, das von der Massachusetts Bay Kolonie zusammengestellt worden war.

Obschon die Pilgrims in Plymouth nicht einen so weit verbreiteten Einfluß auf den Fortschritt der »Psalmody« ausübten, wie die Bostoner Kolonisten, so war ihr Einfluß doch insofern sehr groß, als sie zuerst im Norden die Sitte fest einführten, nach gedruckten Noten und gedruckten Worten zu singen, anstatt aus dem Gedächtniß, wie es später Brauch wurde. Dies war nicht nur von vorübergehender Wirkung, denn ein Jahrhundert später —, als die Kirchen Neu-

---

[1] Unter ihnen waren die folgenden der Grund zu vielen Streitigkeiten und vieler Bitterkeit: Sind metrische Übersetzungen oder solche in Prosa vorzuziehen? Sollen Nichtkonfirmirte am Gesang theilnehmen? Ist der Gesang »geistiger Trost« oder »Lob«? Sind niedergeschriebene Noten zu gestatten? Sind andere Theile der heiligen Schrift, solche, wie Hannah's oder Miriam's Gesang ebenso hoch anzusehen, wie die Psalmen David's? etc.

[2] Ferner, wie aus einem Psalmenbuch von Elder Chipmann zu ersehen ist, das ich in Händen habe, machte die Kirche von Plymouth, welche die erste Kirche in Neu-England war, Gebrauch von der Ausgabe der Psalmen von Ainsworth, bis zum Jahre 1692. Obgleich unsere Neu-England-Übertragung der Psalmen von verschiedenen Händen ausgeführt wurde und ungefähr 1640 von Präsident Dunster vollendet wurde, scheint diese Kirche sie jedoch nicht bis ungefähr zweiundfünfzig Jahre später benutzt zu haben, sondern an der Ainsworth'schen Ausgabe festgehalten zu haben.
Rev. Th. Symmes in einer Abhandlung »Utili Dulci«, 1723 veröffentlicht.

Englands in großer Aufregung über die Frage waren, ob gedruckte Musik zu gestatten sei, — wurde das Beispiel der ersten Ansiedler zu Gunsten ihrer Anwendung angeführt, ward einer der größten Beweisgründe gegen das damals herrschende, verworrene System aus dem Gedächtniß zu singen und führte durch die Wiedereinführung gedruckter Noten zu der Gründung der ersten Anstalt für musikalische Bildung in Amerika, das heißt, der Gemeinde »singing school.«

Es waren jedoch die Puritaner, die sich 1630 in Boston niederließen, welche am bestimmtesten die Anwendung der »Psalmody« bewirkten. Sie gehörten der Richtung der Nonconformisten an und waren keine Independenten, wie jene in Plymouth. Es waren viele Männer von wissenschaftlicher Bildung unter ihnen. Aber obgleich sie die Vortheile einer freisinnigeren Bildung genossen hatten, als die Pilgrims, hatten sie einen weniger freisinnigen Geist in Religionssachen. Sie hegten, im Gegensatz zu den demokratischen Ansichten der Pilgrims, viel Sympathie für die presbyterianischen Anschauungen vom Kirchenregiment, die Calvin und die Schotten vertraten. Dies offenbarte sich am deutlichsten durch die Verbannung von Roger Williams, welcher 1636 Rhode Island gründete, weil er sich weigerte, sich der Obrigkeit in rein religiösen Angelegenheiten zu unterwerfen. Derselbe Geist, welcher Servetus in Genf auf den Scheiterhaufen gebracht hatte, herrschte später unter ihnen und verursachte die Greuel der Hexenverfolgung zu Salem.

Ihre Liebe zur Wissenschaft zeigte sich durch die Gründung des Harvard College zu Cambridge, innerhalb der ersten sechs Jahre nach ihrer Landung; und die Wichtigkeit, welche sie der Psalmody im Gottesdienste beilegten, wird durch die Thatsache bewiesen, daß das erste Buch, welches in ihrer Kolonie und überhaupt in irgend einer Kolonie Neu-Englands gedruckt wurde, ein Psalter war.

Das »Bay Psalm Book«, das 1640 gedruckt wurde, sollte mehr biblisch, als das von Ainsworth sein, und weniger Verschiedenheit im Metrum bieten.

Ainsworth's Buch enthielt nur einstimmige Lieder, verlangte aber den Gebrauch mehrerer Melodien, die damals für sehr schwer gehalten wurden. Das »Bay Psalm Book« vermied dies, indem es nur solche Silbenmaße benutzte, die sich auf einige leichte Melodien anwenden ließen. Aber der größte Gegensatz zu Ainsworth's Buch bestand darin, daß selbst diese Melodien nicht gedruckt wurden, und so begann der Brauch, sich auf das Gedächtniß zu verlassen, in Bezug auf die wenigen Melodien, welche benutzt wurden, oder sie höchstens im Psalter oder der Bibel zu notiren. Das Buch erlebte siebzig Auflagen und verdrängte nach und nach die anderen gebräuchlichen

Psalter[1]. Aber sein direkter Einfluß auf die Musik selbst war schädlich. Da es keine Noten enthielt, begünstigte es eine liederliche Art und Weise, aus dem Gedächtniß zu singen, welche mit der Zeit zu einem großen Übel wurde. Nichts desto weniger wirkte es indirekt viel für die Musik, denn es betonte mit Nachdruck die Einführung der Psalmody und erhielt sie dauernd aufrecht. Aus ihr erwuchsen später fast alle musikalischen Einflüsse, die bis zu Anfang des neunzehnten Jahrhunderts auf die Bewohner Amerikas ausgeübt wurden.

So sieht man, daß die Puritaner in Übereinstimmung mit der Strenge ihrer religiösen Ansichten und der Idee, daß alle Kunst eine Schlinge des Teufels ist, keine andere Musik mit sich nach dem neuen Lande brachten, als die dürftige Fassung der Psalmen, und daß ihr eigenes »Bay Psalm Book« das musikalische Element noch mehr einschränkte, indem es keine Noten enthielt.

Welches war nun die Musik, die ihnen für die Ausübung ihrer Psalmody übrig blieb? Es war nicht mehr, als die einfachsten Melodien, meistens englischen Ursprungs. Diese wurden gewöhnlich gemeinsam gesungen, obgleich einige Andeutungen vorhanden sind, die darauf hinweisen, daß die ersten Ansiedler anfangs die Gewohnheit hatten, zweistimmig zu singen. Die Genfer Melodien von Bourgeois und Anderen erscheinen nicht unter ihnen, obgleich später einige aus England, wo sie in Gebrauch geblieben waren, nach Amerika gebracht wurden.

Diese Melodien waren nur gering an Zahl, und zu Anfang des nächsten Jahrhunderts waren an vielen Orten nur fünf in allgemeinem Gebrauch. Diese wurden York, Hackney, Windsor, St. Mary's and Martyrs genannt. Folgendes ist die sogenannte York-Melodie.

Diese ist auch für die anderen charakteristisch und zeigt, daß das musikalische Element so viel als möglich eingeschränkt wurde. Es ist sicherlich nur ein sehr kleiner Keim, aus welchem sich die Musik einer Nation entwickelt haben soll. In der That sind es auch

---

[1] Es ist interessant zu beobachten, wie warm das »Bay Psalm Book« in England und Schottland aufgenommen wurde, wo es der mächtigste und einzige Faktor zur Vereinigung aller Dissenters in der Anwendung der Psalmody wurde. Es erlebte ungefähr zwanzig Auflagen in England und noch mehr in Schottland.

nicht diese wenigen, unbedeutenden und jetzt gänzlich veralteten Melodien, die irgend welche Wichtigkeit für die Bildung der Musik einer Nation gehabt haben, sondern es sind die Einrichtungen und die Gewohnheiten, mit welchen sie verknüpft waren. Obgleich der gute Brauch des Psalmensingens musikalisch entartete, so blieb er doch ein hervorragender Zug ihres Gottesdienstes und war nur dem Gebete und der Predigt des Geistlichen untergeordnet. Es gab natürlich einige wenige unter den Gebildeten mit feinerem Empfindungsvermögen, die von Anfang an nach besserer Musik Verlangen trugen, wie ebenso aus den Verbesserungen, welche man in den vielen auf einander folgenden Auflagen des »Bay Psalm Book« zu machen versuchte, und aus den wenigen Melodien, welche endlich 1696 darin zum Abdruck gelangten, zu ersehen ist, wie aus Predigten und anderen Ermahnungsreden. Am bedeutendsten unter den letzteren ist die »Singing of Psalms, a Gospel Ordinance« von John Cotton, welche schon 1647 veröffentlicht wurde und welche sich nicht nur für die Beibehaltung des Gesangs im Gottesdienste, sondern auch für die Pflege und Verbesserung des Gesangs überhaupt verwendet. Aber die Mehrzahl des Volkes besaß außer der den Puritanern angeborenen Abneigung gegen die Musik auch noch die Gleichgiltigkeit, welche die natürliche Folge der Entbehrungen und der widrigen Verhältnisse war, unter welchen sie ein mühevolles Dasein in einem neuen Lande führten. Jedoch, je mehr das Land sich entwickelte und das Leben leichter wurde, desto mehr wurde es allgemein erkannt, daß die Musik, welche werth war zur Verehrung Gottes zu dienen, mehr Vertiefung und Vorbereitung erforderte, als das bloße Auswendiglernen und den nachlässigen Gebrauch einiger sinnlosen Melodien in Verbindung mit irgend einem oder allen Psalmen. Diese Idee hat sich weiter entwickelt, doch der Grundsatz, welchen Luther so deutlich betonte, als er die protestantische Kirchenmusik in Deutschland einführte — der Grundsatz, daß der Gottesdienst die besten Früchte erhalten sollte, welche die Kunst der Musik ihm bieten könne — ist noch nicht allgemein von den amerikanischen Kirchen angenommen worden. Viele Leute hegen noch immer die unlogische Meinung der Puritaner; denn obgleich sie gute Musik für den Gottesdienst verlangen und denken, daß der Allmächtige befohlen habe, der Gesang solle einen Theil des Gottesdienstes bilden, können sie sich des Glaubens nicht erwehren, daß die Musik als Kunst vom Teufel stamme.

II.

„Singing Schools" und Hymnody.

Sobald die Sitte, von gedruckten Noten zu singen, in irgend einer der ersten Gemeinden in Neu-England aufgegeben wurde, schwand alle Genauigkeit der Wiedergabe der wenigen Psalmenmelodien. Obgleich gedruckte Noten in der Ausgabe des »Psalm Bay Book«, welche 1696 erschien, eingeführt worden waren, so wird doch berichtet, daß es zu Anfang des 18. Jahrhunderts verhältnißmäßig nur wenig Leute in den Städten Neu-Englands gab, die Noten lesen konnten. Das Psalmensingen war noch fast unveränderter Brauch; aber die wenigen Melodien waren nur durch die Überlieferungen verschiedener Orte und das Gedächtniß ihrer Sänger erhalten geblieben. Aus der Gewohnheit, welche gewisse Sänger hatten, den bekannten Melodien Verzierungen hinzuzufügen und den Takt zu ändern, war der Mißbrauch entstanden, diese Verzierungen und Abänderungen dauernd mit den Melodien zu verbinden. Diese Gewohnheit, einmal angenommen, nahm eine erstaunliche Verbreitung an. Die Verwirrung wurde um so größer, weil die hinzugefügten Noten für eine Hymne nicht in zwei Kirchen dieselben waren. Sie wurden sogar nicht immer gleichförmig von denselben Mitgliedern derselben Gemeinde verwendet. Die Berichte derer, die diesen Gesang mit anhörten, erscheinen uns jetzt unglaublich. Alle Versuche, denselben Takt einzuhalten, scheinen in den schlimmsten Fällen aufgegeben zu sein, ja selbst in den Fällen, wo die Abänderungen verstanden und von der ganzen Gemeinde befolgt wurden, so, daß eine gleichmäßige Wirkung erzielt wurde, war die ursprüngliche Melodie nicht mehr zu erkennen. Diese Art, zu singen, war bekannt als das Singen »by rote«, und als es von jenen angefochten wurde, die das Notenlesen und strenge Festhalten an den geschriebenen Noten wieder einführen wollten, wurde sie warm von denen vertheidigt, die stets an ihre eigenthümlichen Methoden gewöhnt gewesen waren. Das Singen nach Noten wurde singen »by rule« oder »regular singing« (nach der Regel) genannt; der Streit zwischen den Anhängern dieser beiden Systeme ist einer der interessantesten Gegenstände in der Geschichte der amerikanischen Musik.

Es ist kaum glaublich, daß das »rote« Singen bewußte Unterstützung erhalten hat, selbst wenn man bedenkt, daß es von Leuten geschah, die völlig in Unkenntniß geblieben waren über die Fortschritte, die die Musik in der Welt gemacht hatte. Es ist fast ebenso unmöglich, irgend welche Überzeugungskraft in den Beweisgründen zu erblicken, welche von ihnen zu ihrer Vertheidigung vorgebracht wurden; man müßte sich denn der furchtbaren Glaubensstrenge des Puritaners erinnern und seines fast leidenschaftlichen Hasses gegen alles, was in seiner krankhaften Einbildung den Anschein von Katholicismus hatte. Der erste entschiedene Versuch, diesen verderblichen Gebrauch zu beseitigen, scheint 1720 gemacht worden zu sein; und so kann mit Recht behauptet werden, daß ein volles Jahrhundert seit der Landung der ersten Übersiedler vergangen war, ehe irgend ein Versuch zur Verbesserung der Musik durch Bildungsmittel gemacht wurde. Zu dieser Zeit wurden Predigten über diesen Gegenstand gehalten und heiße Diskussionen in Städten, die mehr als hundert englische Meilen von einander entfernt waren; diese Frage wurde bald der am meisten bestrittene Punkt in der gemeinsamen Kirchenpolitik der jetzt zahlreichen Städte der Puritaner-Kolonien. Einige Auszüge aus der Litteratur über diese Streitfrage sind für die damalige Stimmung bezeichnend. Die erste wichtige Veröffentlichung wurde 1720 von Rev. T. Symmes in Bradfort, Massachusetts gemacht und trug einen Titel, der wegen seiner Länge eines John Bunyan würdig war.

»The Reasonableness of Regular Singing or Singing by Note, in an Essay to revive the true and ancient mode of singing psalm tunes according to the pattern of our New-England psalm books, the knowledge and practice of which is greatly decayed in most congregations. Writ by a Minister of the Gospel. Perused by several ministers in the country and in the town; and published with the approbation of all who have read it«.

Dieser sind die folgenden Auszüge entnommen:

»Das Abweichen und sich Loslösen von der Regel geschah allmählich und unbewußt. — Da die Singschulen und Gesangbücher abgeschafft wurden, konnte man nur durch das Hören gesungener Melodien lernen. Da die Regeln des Gesanges weder gelehrt noch gelernt wurden, sang jeder, wie er Lust hatte, und jeder Vorsänger nahm sich die Freiheit, eine beliebige Note in der Melodie zu erhöhen oder herabzusetzen, je nachdem es seinem Ohre zusagte, und solche Wendungen und Schnörkel hinzuzufügen, von denen er sich Erfolg versprach. Dies geschah so allmählich, daß nur wenige, wenn überhaupt jemand, Notiz davon nahmen. . . . . .

Nun giebt das Singen nach Noten jeder Note ihre richtige Höhe oder Tiefe, die Stimme wechselt dabei an rechter Stelle und es giebt jeder Note ihre wahre Länge und ihren wahren Klang, während die gewöhnliche Art und Weise sich sehr davon unterscheidet. Nach ihr wurden einige Noten zu hoch gesungen, andere zu niedrig und die meisten zu lang; auch werden viele Wendungen und Verzierungen mit der Stimme gemacht, wo sie nicht sein sollten, und manche fehlen, wo sie hätten sein sollen«.

Von noch größerem Werth ist Symmes' spätere Abhandlung, die 1723 veröffentlicht wurde. »Utile Dulci, Or a Joco-Serious Dialogue, Concerning Regular Singing. Calculated for a Particular Town 'where it was publicly had on Friday, October 12th 1722, but may serve some other place in the same Climate«; denn diese Abhandlung enthält viel werthvollen geschichtlichen Stoff, nicht nur in Bezug auf die damalige Lage, sondern auch in Bezug auf die »Psalmody« der ersten Ansiedler.[1] Er sagt unter Anderem: »Es ist sehr viel Zwist und Unruhe unter uns gewesen, wegen des Singens nach der Regel, und ich glaube, es giebt jetzt noch Unzufriedene«.

»Da es mein Streben ist, Zusammenkünfte in den Städten zu veranlassen, in welchen an langen Winterabenden gesungen wird, hielt ich es für angebracht, eine andere Abhandlung zu schreiben als einleitenden Versuch zur Einführung einer solchen löblichen Gewohnheit, damit ich womöglich alle unter uns beruhigte, welche in diesem Punkte unzufrieden geblieben sind. Demgemäß unternahm ich, Punkt für Punkt alle Einwendungen zu widerlegen, welche ich mich erinnere, in dieser Angelegenheit gehört zu haben. . . . . . .

1. Daß es eine neue Weise, eine unbekannte Zunge ist.
2. Daß es nicht so klangreich ist, wie die gewöhnliche Weise.
3. Daß es zu viele Melodien giebt, die wir nie erlernen können.
4. Daß das Üben Störung verursacht, die Gemüther der Menschen erregt und erbittert, verschiedene Leute bekümmert und sie veranlaßt, sich liederlich und unschicklich zu benehmen.
5. Daß es quäkerisch und päpstisch ist, und ein Vorbote der Instrumentalmusik.
6. Daß die Namen, welche die Noten führen, schamlos, ja gotteslästerlich sind.
7. Daß sie überflüssig ist, da ihre guten Väter, denen sie fremd war, ohne sie in den Himmel gekommen sind«.

Seine Antworten[2] auf die erhobenen Einwände, zu lang um hier vollständig wiedergegeben werden zu können, sind heutigen Tages fast ebenso ergötzlich, als die Einwendungen selbst; aber sie zeigen nichts desto weniger eine Freisinnigkeit, die völlig im Gegensatz zu seiner Umgebung steht. Einige seiner Antworten lauten folgendermaßen:

»Und außerdem, daß es dort bemerkt ist, daß die Noten der Melodien von Anfang an in unser New-England Psalmbook eingefügt

---
[1] Siehe Note zu Seite 17.
[2] Die vollständigen Antworten siehe, Ritter's »Music in America«, Seite 16.

waren, mit allgemeinen Anweisungen, wie nach Noten zu singen sei, und daß viele der Kinder und Enkelkinder der ersten Ansiedler, die noch leben, sich wohl erinnern, daß ihre Vorfahren nach Noten sangen. — ich sage, außer allem diesen, es ist klar, daß das Singen nach Noten keine Neuheit ist; denn die Musik ist eine der freien Künste und als solche zu allen Zeiten und von allen gebildeten Völkern betrachtet worden. . . . . .

Die Schönheit und der Wohlklang des Gesanges besteht in hohem Grade im richtigen Takthalten und Wechseln der Noten; jeder Sänger muß genau seiner Partie angemessen die Tonart innehalten, in welcher die Melodie gesetzt ist. Nun werdet Ihr Euch erinnern, daß wir häufig in unserer Gemeinde einige Leute hatten, die noch eine oder zwei Noten sangen, nachdem schon alle Anderen fertig waren. . . . . . Und ferner versichere ich, daß die meisten Psalmenmelodien, wie sie gewöhnlich gesungen werden, Liedermelodien viel ähnlicher sind, als wenn sie nach der Regel gesungen werden; denn Ihr habt in Eurer Weise viel mehr überzählige Noten und Doppelschläge, als wir in der unsrigen. Ein »geistreicher« Herr, der die Canterbury-Melodie niedergeschrieben hatte, wie sie einige von Euch singen, findet nicht weniger als 150 Noten in jener Melodie nach Eurer Weise, während in unserer nur 30 sind«.

Es würde höchst interessant sein, des »geistreichen Herrn« Abschrift von der so geschmückten und gemarterten Canterbury-Melodie zu sehen. Von den »rote« Gesängen ist keine authentische Abschrift zur Kenntniß des Verfassers gelangt, aber eine ähnliche Sitte ist dem gegenwärtigen Jahrhundert in Schottland überliefert. Die folgende Probe der schottischen Weise von Joseph Mainzer »The Gaelic Psalm Tunes of Rossshire and the neighboring countries«[1], entnommen, giebt wahrscheinlich ein ziemlich getreues Bild von den Abweichungen der New-England rote-Gesänge. Die Sterne * bezeichnen die ursprünglichen Noten der Melodie, die übrigen bilden die überlieferte Ausschmückung.

Eine andere Liste von Einwendungen gegen den regelrechten Gesang ist in der fleißig ausgearbeiteten Beantwortung derselben, in »A Brief Discourse Concerning Regular Singing, shewing from the Scriptures, the Necessity and Incumbency thereof in the Worship of God. Boston N. England. Printed by B. Green jun. for John Eliot, at his shop at the South End of the Town 1725« zu finden. Der interessanteste Einwand, welchen er anführt und widerlegt, ist der folgende: »Einwand 4 ist gerichtet gegen die Weise, die bei dem Gesang nach der Regel gebraucht wird, und gegen die besonderen

---

[1] Herausgegeben 1841 in Edinburg.

beim Lernen gebräuchlichen Silben: *Mi, fa, sol, la.* Einige nennen sie eine Negerweise, andere eine Quiekerei, die dem Dienste Gottes nicht ziemt«.[1] Eine Reihe höchst kurz und bündiger, sowie ergötzlicher Einwendungen gegen das Singen nach Noten und folglich gegen allen Fortschritt der Musik, sind die, welchen der Reverend A. Channcey in Durham, Connectitut, 1727 in einer Predigt entgegentritt. Diese sind:

1. »Diese Gewohnheit führt der Kirche von England zu und wird schnell Orgeln einführen«.
2. »Diese Weise stammt ursprünglich von den Papisten. Sie kam aus Rom«.
3. »Auf dem Lande singen wir feierlicher und deshalb viel passender und geziemender«.
4. »Es ist sehr wahrscheinlich nicht die rechte Weise, weil das junge Volk ihr beistimmt, und es sonst nicht so bereitwillig zu etwas zu sein pflegt, das gut ist«.[2]

Sie zeigen alle deutlich die Stimmung gegen die Musik und die Unwissenheit beider Parteien. Nach und nach vollzog sich der Umschwung, obgleich er, wie viele andere, nicht vollkommen war, ehe nicht eine Generation von Gegnern dahingegangen war.

Der »New-England-Courant« vom 9. Dezember 1723 enthält das Folgende: »Es ist bei uns aus dem südlichen Theil von Braintree die Nachricht eingegangen, daß am Sonntag, den 1. ds., Herr Miles, der Geistliche jenes Ortes, für diejenigen der Gemeinde Gottesdienst in seinem Hause abhielt, welche gegen regelrechten Gesang sind. Die regelrechten Sänger trafen im Versammlungshause zusammen und schickten nach Herrn Miles, der sich weigerte zu kommen, wenn sie nicht erst versprächen, nicht regelrecht zu singen; worauf sie beschlossen, sich unter dem Beistand eines der Dekane zu erbauen, welcher auf ihren Wunsch mit ihnen betete, eine Predigt las u. s. w.« Aber der Fall des Herrn Miles bildete eine Ausnahme und es ist eine höchst bedeutende Thatsache — für die, welche sich dafür interessiren, welche Stellung die amerikanischen Geistlichen unserer Tage zur Musik einnehmen, — daß die Reformen jener Zeiten fast gänzlich von den Geistlichen ausgeführt wurden. Der Rev. T. Symmes interessirte sich am meisten für die Gründung von »singing schools«. Es war der Rev. Thomas Walter, der 1721 ein einfaches dreistimmiges Arrangement der Psalmenmelodien veröffentlichte. Und ein Komitee von »Reverends« veröffentlichte 1723 »Cases of conscience about singing Psalms briefly considered and resolved«.

---

[1] Ritter, »Music in America«. Seite 23.
[2] J. S. Curwen. Essay on »New-England Psalmody.«

Die Einrichtung der »singing schools«, wie die Vorbereitung des Psalmbuches im vorhergehenden Jahrhundert war entschieden das Werk der Geistlichkeit: aber es ist auffallend, daß seit der Errichtung der »singing school« bis jetzt, die Geistlichen nur wenig Theil an der weiteren Entwickelung der amerikanischen Kirchenmusik gehabt haben. Die außerordentlich demokratische Gestaltung, welche die Kirche in Gemeinschaft mit anderen amerikanischen Einrichtungen hat, ist keine genügende Entschuldigung für diese Gleichgiltigkeit. Obgleich in den meisten Sekten die Mitglieder der Kirche die schließlichen Entscheidungen weit mehr treffen, als die Geistlichkeit, so hat doch die Geistlichkeit als eine ausübende Klasse den größten Einfluß auf die Art und Weise des Gottesdienstes. Die Geistlichen in Neu-England vor hundert und siebzig Jahren hielten es für ihre Pflicht, Mittel zur Ordnung und Verbesserung des Gesangs für den Gottesdienst zu beschaffen. Ihre Bemühungen wirkten augenblicklich und dauernd. Von jener Zeit bis auf den heutigen Tag ist es den Geistlichen möglich gewesen, dafür Sorge zu tragen, und sie hätten viele der Mißbräuche verhindern können, die sich mit der Entwickelung der Musik in den amerikanischen Kirchen eingeschlichen haben.

Die Geistlichen sind jetzt die ersten, welche solche Mißbräuche tadeln; aber ihre Ausstellungen richten sich meistentheils gegen einen Chor, einen Chorsänger, eine Gemeinde, oder wenigstens gegen etwas außerhalb ihres Kreises. Sie sehen nicht ein, daß die schlechte oder unangemessene Musik, welche sie tadeln, das Ergebniß ihrer eigenen Gleichgiltigkeit oder der ihrer Vorfahren ist. Es ist nicht gesagt, daß der Geistliche, technisch musikalisch ausgebildet, der Vorgesetzte seines Chorleiters oder vieler seiner Gemeindemitglieder sein sollte, aber es soll gesagt sein, daß er kein Recht zu jener Unwissenheit in der Musik hat, die aus Nachlässigkeit entsteht und kein Recht, die Verantwortlichkeit für den schlechten Stand der Dinge von sich ab- und einer anderen Klasse zuzuschieben.

Die »singing school« bezweckte zuerst nur, dem Volke das richtige Singen der alten Psalmenmelodien zu lehren. Es wurde hier nicht zum ersten Male außerhalb des Gottesdienstes gesungen. In der That hatten ganz zu Anfang einige englische Puritanergemeinden das Psalmensingen zu Hause geübt und nicht in der Kirche, und es wird berichtet, daß die Puritaner Neu-Englands auch bei ihrer Arbeit Psalmen sangen; nicht nur in der Kirche. Aber es war der erste systematische Versuch, der gemacht wurde, den Gesang durch Übungen außerhalb des Gottesdienstes zu lernen und zu verbessern.

Die Angehörigen der Kirche oder Gemeinde wurden eingeladen, jede Woche an ein oder zwei Abenden zusammen zu kommen, um unter der Leitung eines Lehrers zu singen. Das Notenlesen brachte viele schwache Versuche zu den Anfangsgründen der Theorie der Musik mit sich. Es wurden Versuche gemacht, das Notensystem zu vereinfachen, und im Laufe des Jahrhunderts wurden viele Elementarlehrbücher veröffentlicht, von denen die meisten, wie Prof. Ritter behauptet, mit vielen Fehlern der schlechten Arbeit von Tansur entnommen wurden.[1] In der That wurde nicht eher, als bis 1832 Nägeli's Werk nach Amerika kam, irgend eine Anleitung zum Gesangunterricht veröffentlicht, welche die Probe auf theoretische Genauigkeit, selbst in den ersten Anfangsgründen bestehen konnte.[2]

Als sich das Land entwickelte, verbreitete sich die »singing school« im Westen und Süden. Sie ist noch von Bedeutung und bietet in vielen Gemeinden auf dem Lande fast die einzige Gelegenheit, sich die Elemente der Musik anzueignen. Aus ihr entstand unmittelbar der »church choir«, die ausgesprochenste noch jetzt bestehende amerikanische Einrichtung.

---

[1] William Tansur oder Tan' sur, der, wie verschiedentlich berichtet wird, ungefähr 1700 geboren wurde, war an verschiedenen Orten in England Organist und veröffentlichte: psalmody collections und theoretische Bücher. Siehe Grove's Dictionary.

[2] Eine Quelle der Verwirrung war die Benennung des Hexachord-Systems welches bestehen geblieben war, obgleich es seinen Sinn gänzlich verloren hatte, als man anfing das moderne System der Tonarten zu benutzen. So trug der Ausdruck *G, sol, re, ut* viel zur Verwirrung des Lernenden bei; wurde in den Handbüchern der »singing school« höchst widersinnig erklärt von Männern, die wahrscheinlich nie etwas von Guido d'Arezzo oder der Solmisation gehört hatten.

Man hatte angefangen, eine vollständige Skala von 8 Noten in jeder Tonart zu gebrauchen; aber es wurden nur vier Silben angewendet: *sol, la, mi, fa,* oder
die ganze Skala *sol, la, mi, fa, sol, la, mi* $\begin{Bmatrix} 8 \\ fa \\ \text{oder} \\ sol \\ 1 \end{Bmatrix}$ $2^1\ 3^1\ 4^1$ *la, mi, fa,* die halben Töne immer zwischen *mi* und *fa*. So wurde unbewußt das alte Tetrachord-System benutzt.

Dies machte die diatonische Dur-Skala ziemlich klar, obgleich noch Unklarheit in Bezug auf die Wichtigkeit des Verhältnisses der Tonika zur Dominante bestand. Aber in der diatonischen Moll-Skala, oder, »flat keys«, wie sie damals genannt wurde, herrschte die Verwirrung im höchsten Grade. Das folgende Kauderwälsch zeigt die Einfältigkeit und Unvollkommenheit des Unterrichts, der in den »singing schools« gegeben wurde:

»The natural place for mi is *B*;
If *B* be flat, the mi is in *E*;
If *B* and *E*, the mi is in *A* and *D*;
If *F* be sharp, the mi is in *B*;
If *F* and *C*, the mi is in *F* and *C*.«

Das »*mi*« schnell und genau zu treffen, war das große Kunststück in der »singing school« auf dem Lande, bis das ganze System des populären Musikunterrichts von Lowell Mason und anderen, unter dem Einfluß von Nägeli's Buch umgearbeitet wurde.

Sie rief eine eigenthümliche Klasse von Lehrern hervor. Diese besaßen anfangs keine andere musikalische Ausbildung, als die von ihnen selbst erfundene. Aber durch die Kunde von den großen Thaten des »Mr. Händel« in London wurden sie zu größeren Ideen von der Musik erweckt. Schullehrer, Bauern, Schuhmacher oder andere Handwerker — sie alle glaubten, daß sie das himmlische Feuer der Musik in sich hätten und begeisterten sich für den Gedanken, Komponisten zu werden. Die Einführung der »hymn« und »hymn-tune« in den Gottesdienst, durch welche die Strenge der puritanischen »psalmody« durchbrochen wurde, gab ihnen eine kleine Form, die sich wohl zu ihren ersten schwachen Ausflügen in die freie Luft der Komposition eignete. Eine Zeit lang lenkten sich ihre Bestrebungen auf das Fugen-Schreiben. Jeder kleine Kanon, jede Nachahmung hielten sie für eine »fuging tune«. Sie hatten nur die Idee erfaßt, daß in Händel's Fugen die Stimmen einander in gleichartigen Phrasen folgten.[1] Aber dies genügte ihnen völlig. Ohne den geringsten Begriff vom wirklichen Inhalt der erhabenen Schöpfungen Händel's und Bach's zu haben, oder die polyphonischen Schulen der vorhergehenden Jahrhunderte auch nur im geringsten auf sich einwirken zu lassen, schrieben diese »singing school«-Lehrer von vor hundert Jahren, in ihrer puritanischen Abgeschlossenheit, Hymnenmelodien, wie die folgende und waren glücklich darüber und stolz darauf.

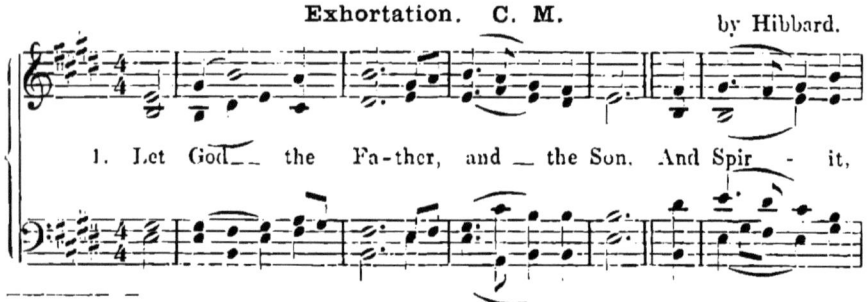

Exhortation. C. M. by Hibbard.

1. Let God the Fa-ther, and the Son. And Spir - it,

---

[1] Ihr großer Gewährsmann Tansur hatte die folgenden, unreifen Anweisungen und Definitionen für das Fugenschreiben gegeben: »To compose a Canon, you must first prick down your Fuge 'or such a Quantity of Notes as you would have to lead your Point in one Part, either in the Unison 3d, 4th, 5th, 6th etc. above, or below the leading Part.«

»A Canon is a perpetual Fuge, i. e., Parts always flying one before another: the following Parts repeating the very same Notes 'either in Unison, or higher or lower as the leading Part, and because it is carried on by so strict a Rule, it is called a Canon; which is the superlative, or highest degree of Musical Composition.«

»A single Fuge or Imitation is, when Parts imitate one another. A Double Fuge is, when two or several Points, or Fuges fall in, one after the other«. Ritter, »Music in America«, Seite 81.

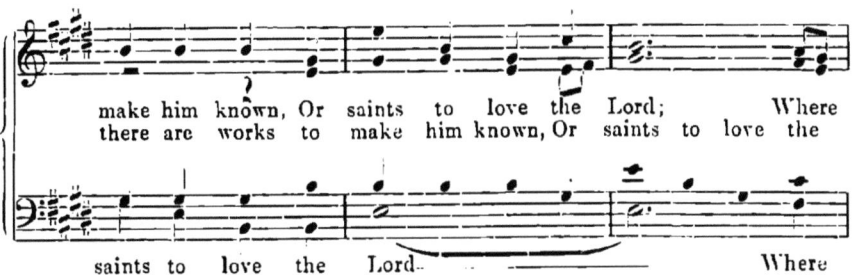

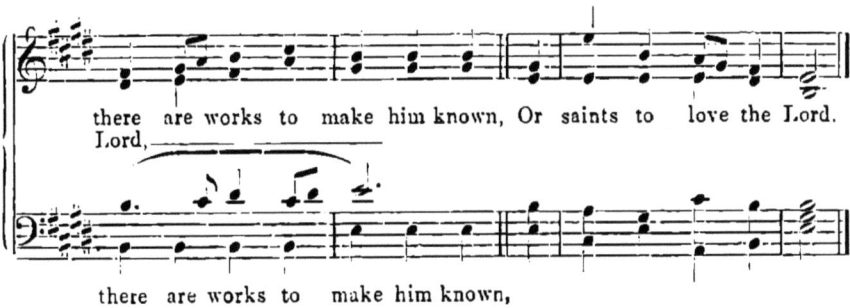

Turner. C. M.

by Maxim.

1. To Fa-ther, Son, and Ho-ly Ghost, One God, whom we a-dore,

Bridgewater. L. M.
by Edson.

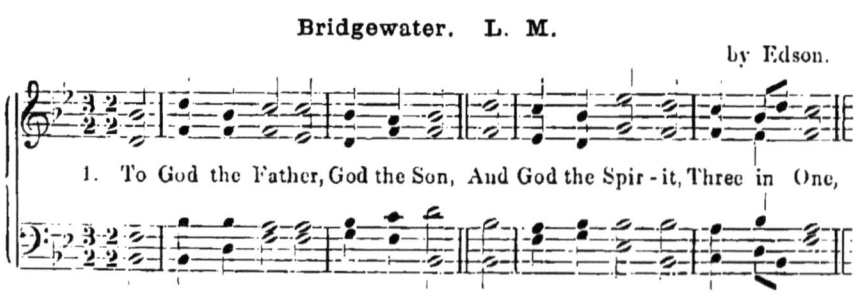

1. To God the Father, God the Son, And God the Spir-it, Three in One,

— 31 —

Be ho-nor, praise, and glo-ry given, Be ho-nor, praise, and glory given, By all on earth, and all in heaven.

Be ho-nor, praise, and glo-ry given, Be ho-nor, praise, and glo-ry given, By all on earth, and all in heaven.

Concord.[1] **S. M.**   by Oliver Holden.

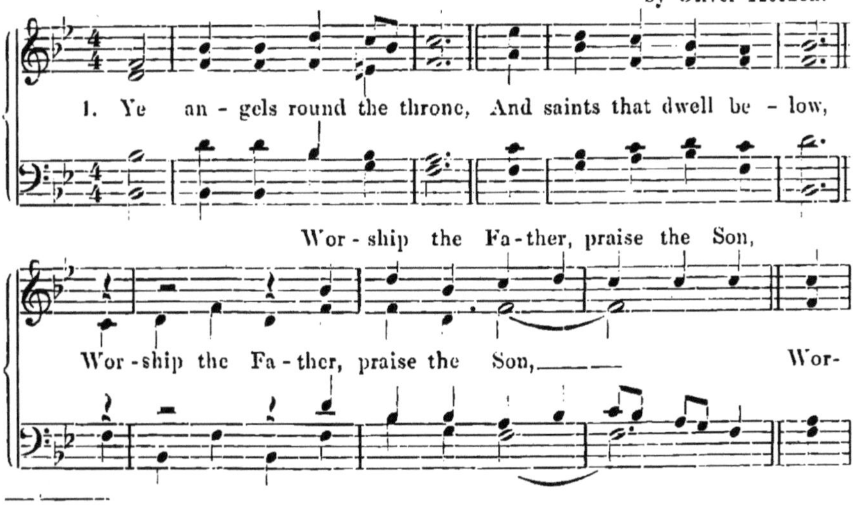

1. Ye an-gels round the throne, And saints that dwell be-low, Wor-ship the Fa-ther, praise the Son, Wor-ship the Fa-ther, praise the Son,——— Wor-

---
[1] Vielleicht wirkt auch hier Tansur's Einfluß, da seine »St. Thomas«-Melodie, die noch in Gebrauch ist, folgendermaßen anfängt:

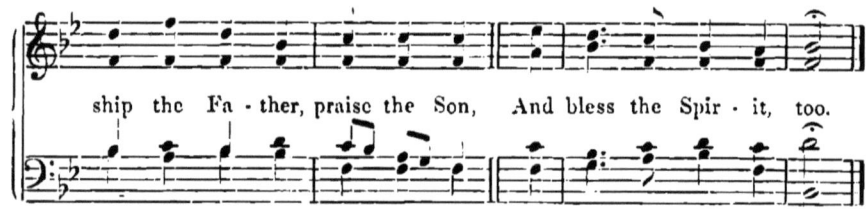

ship the Fa - ther, praise the Son, And bless the Spir - it, too.

Diese letzte Melodie »Concord« wurde von Oliver Holden geschrieben, einem Tischler in Charlestown, Massachusetts, der ein Musikschriftsteller wurde und 1792 und 1793 musikalische Lehrbücher veröffentlichte. Obgleich die »fuging tunes«, mit ein oder zwei Ausnahmen lange, außer Gebrauch und vergessen sind, so ist Holden's Name einer der wenigen, unter den vielen Hymnenschreibern von vor hundert Jahren, welcher noch in amerikanischen Hymnenbüchern zu finden ist. Seine Melodie »Coronation«[1] ist im ganzen Lande noch sehr beliebt, in Verbindung mit der wohlbekannten Hymne »All hail the power of Jesus name«.

Der hervorragendste unter den »fugue writers« war William Billings, ein Bostoner Gerber, ein Mann von großem Selbstvertrauen, Originalität und Liebe zur Musik. Seine Hymnenmelodien, die den oben genannten ähnlich sind, sowie seine Freiheitslieder, die während des Unabhängigkeits-Krieges geschrieben wurden, genossen zu ihrer Zeit eine außerordentliche Beliebtheit, obgleich sie jetzt gänzlich außer Gebrauch und fast vergessen sind. Billings war der Verfasser der »Majesty«-Melodie, auf welche sich Mrs. H. B. Stowe, in ihrer Erzählung »Pogamie People«, wie folgt, bezieht:

»So folgte auf »Denmark« die alte »Majesty« und Ben strengte sich so an, er schlug den Takt und ermahnte erst den Diskant, dann den Alt und dann den Baß, so daß alle Sänger ihre Stimmen so tapfer ertönen ließen, daß alle überzeugt waren, sie wären besser, als irgend eine Orgel einer Episcopal-church in der Welt«.

Und da Raum ist für alle Dinge in dieser unserer großen Welt, so gab es zu ihrer Zeit für die puritanische Musik Raum und Zeit. Wenn in den rythmischen Bewegungen der Kirchengesänge Pathos, Kraft und feierliche Pracht enthalten war, so enthielten die alten »fuging tunes« jener Tage eine großartige, wilde Freiheit, eine Energie in der Bewegung, welche die Gefühle des Volkes deutlich ausdrückten, das muthig in der Schlacht, unerschütterlich im Dulden war. Der »Church chant« gleicht der gemessenen Bewegung des mächtigen Oceans bei ruhigem Wetter; aber jene alten »fuging

---

[1] Siehe Seite 36.

tunes« glichen demselben Ocean, durch stürmische Winde in seinen Tiefen zu wildem Aufruhr erregt, aus welchem sich endlich Einigkeit und Harmonie entwickeln. Es war eine Musik, die den Kampf andeutete, den Aufruhr, das Kriegsgeschrei einer Übergangsperiode in der Gesellschaft, die vorwärts strebte nach unklar vorgestellten Idealen des Friedens und der Ordnung. Was auch ein gebildeter Musiker gegen eine solche Melodie, wie die alte »Majesty« einzuwenden haben mag, Niemand, der Einbildungskraft oder Gefühl besitzt, könnte ihre gute Wiedergabe durch einen großen Chor ohne tiefe Erregung anhören. Und wenn von allen Seiten der Kirche die verschiedenen Stimmen widerhallten:

> On cherubim and seraphim
> Full royally he rode,
> Aud on the wings of mighty winds
> Came flying all abroad,

ging eine Bewegung und ein Schauer durch manche strenge und kalte Natur, bis sich der Sturm in den folgenden Worten verlor:

> He sat serene upan the floods
> Their pury to retain,
> And He as Sovereign Lord and King
> For evermore shall reign.

Und wenn sich der Geistliche zu seiner Predigt erhob, hatte die Musik ihre Wirkung auf seine Zuhörerschaft ausgeübt, indem sie ihre Stimmung gehoben hatte, sodaß sie voller Theilnahme auf alle seine Worte hörte.

Die Melodie »Majesty« lautet folgendermaßen:

Majesty.

Von William Billings.

Die einzigen »fuging tunes« die noch benutzt werden, sogar in den einfachsten ländlichen Gemeinden, sind »Northfield« von Ingalls und »Lenox« von Edson. »Northfield« wird selten angewendet und vielmehr wie eine Merkwürdigkeit angesehen; aber »Lenox« hat in vielen Kirchen einen festen Halt gewonnen.

Lenox.

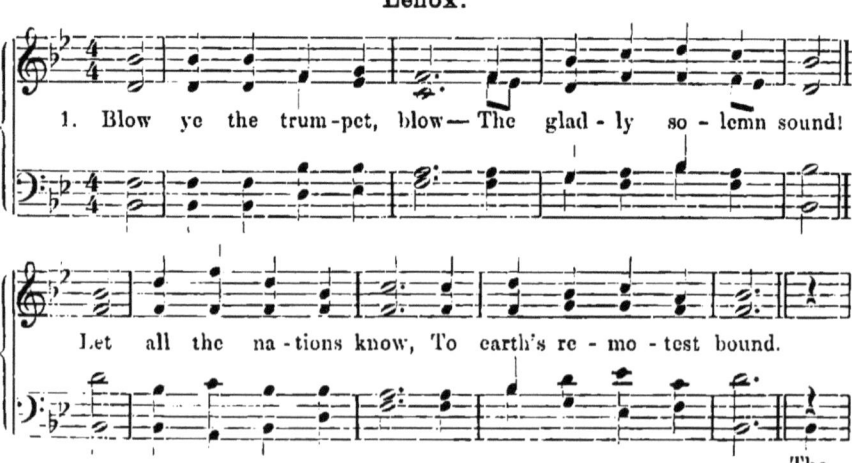

The

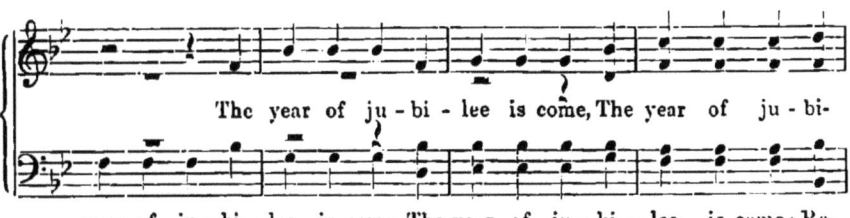

The year of ju - bi - lee is come, The year of ju - bi-
year of ju - bi - lee is come, The year of ju - bi - lee is come; Re-

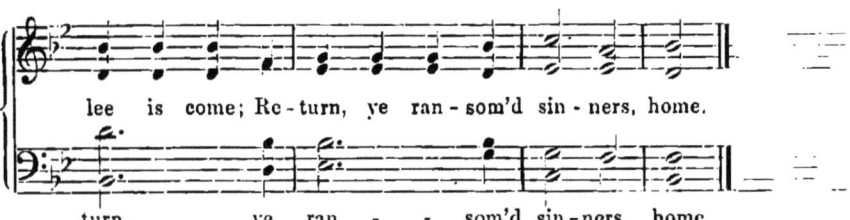

lee is come; Re-turn, ye ran - som'd sin - ners, home.
turn, ye ran - - som'd sin - ners, home.

Jedoch schon vor Billings' Tode, im Jahre 1800, fingen diese einfachen »fuging tunes« an, aus der Mode zu kommen und wurden von hunderten solcher Melodien ersetzt, wie die folgende:

Silver Street.
Von Isaac Smith.

Einige von diesen sind noch gebräuchlich, aber viele sind lange vergessen. Unter ihnen findet sich gelegentlich eine von größerer Macht, wie z. B. »Silver Street«, die oben angeführt, und Holden's »Coronation«.

Coronation.

von Oliver Holden,

[music notation]

* Es wird oft von Sopran und Baß, anstatt Tenor und Baß gesungen.

Aber im Allgemeinen ist ihr harmonischer und melodischer Aufbau höchst einfach und durch die Form der Hymne auf wenige gewöhnliche Rythmen beschränkt. Außer dem gewöhnlichen $\frac{4}{4}$-Takt war ein ungerader Takt sehr beliebt, der aus Zeitmaßen bestand, die dem griechischen »Jonicus a minori« (⏑⏑--) glichen. Die »fuging tune« Bridgewater S. 50 angeführt, diene als Beispiel.

Lowell Mason komponirte einige Jahre später viele seiner populärsten Melodien in diesem Rythmus, wie z. B. »Rockingham«.

Rockingham.

Von Dr. Lowell Mason.

Andere befolgen diesen Rhythmus natürlich weniger streng, einige zählen die zwei kürzeren Noten auf drei, anstatt auf eins. Noch andere, wie Clinton, sind, wie folgt, eingetheilt worden. Diese Eintheilung ist falsch. Der Komponist hat sich augenscheinlich nicht klar gemacht, wie tief ihm der gebräuchliche Rhythmus eingeprägt gewesen war.

Clinton.
Von J. P. Holbrook.

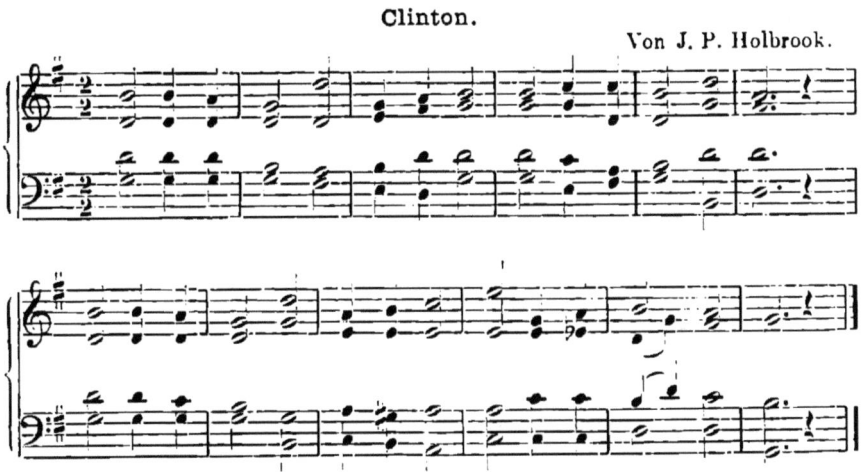

Aber dem erwachten Interesse für die »hymnody« schloß sich auch die Einführung von Melodien aus fremden Quellen an. Auf das thatsächliche Verschwinden der »fuging tunes« zu Anfang dieses Jahrhunderts folgte der Gebrauch mehrerer Arten von Melodien.

1. Melodien von amerikanischen Komponisten, wie »Silver Street« und »Rockingham«, die eben erwähnt wurden. Viele von ihnen enthielten die parallelen Quinten und Oktaven, welche Billings und seine Zeitgenossen, dem Beispiel Tansur's folgend, frei benutzten. Nur sehr wenige hatten den musikalischen Werth, den die angeführten Beispiele besitzen.

2. Melodien Genfer, schottischen oder englischen Ursprungs, die in Großbritannien schon lange, verschiedenartig eingerichtet, allgemein gebräuchlich, aber bisher in Neu-England unbekannt gewesen

waren. Ein charakteristisches Beispiel, welches gewöhnlich noch in amerikanischen Gesangbüchern abgedruckt wird, ist die schottische Melodie »Dundee«. Ihr ähnlich ist die englische Melodie »St. Ann's«[1], welche in allen Ländern, wo englisch gesprochen wird, weit verbreitet ist.

St. Ann's.
Von William Croft.

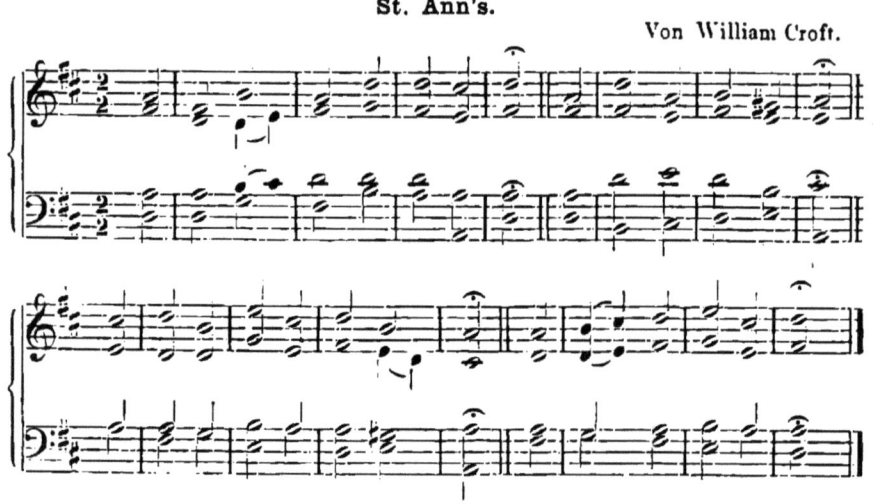

Old Hundred.
Melodie von Bourgeois wahrscheinlich aus einem Volkslied genommen. Kontrapunktirt von Goudimel 1565.

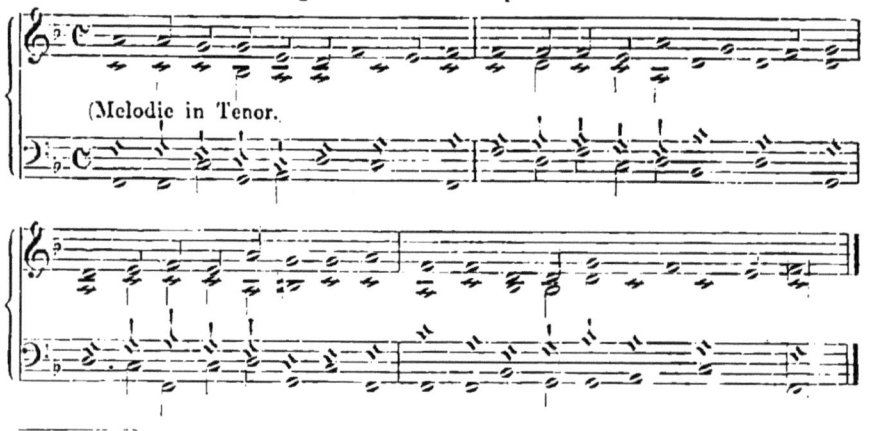

[1] Sir Arthur Sullivan, der englische Komponist, hat ein sehr schönes Arrangement von St. Ann's, in verse anthem Form, für gemischten Chor, mit freier Orgelpartie gemacht. Herausgegeben von Novello.

Old Hundred.
Wie es in England (1621) von John Dowland kontrapunktirt wurde.

(Melodie in Tenor.)

Old Hundred.
Wie jetzt im Gebrauch in Amerika.

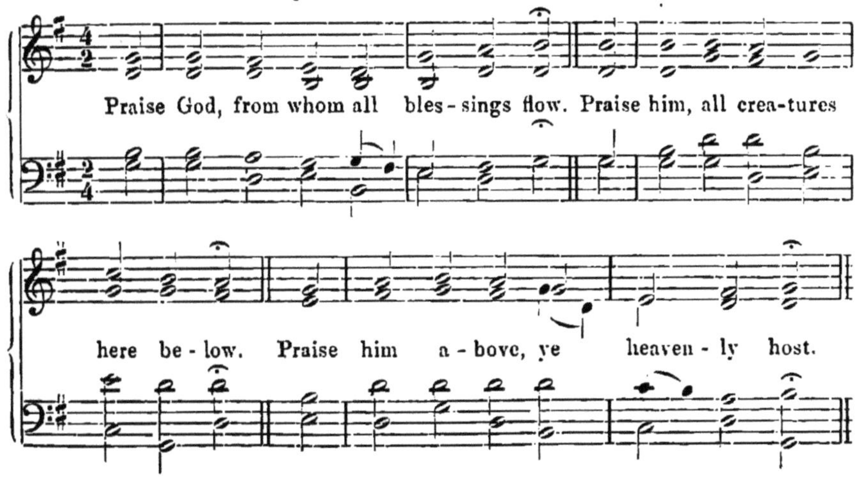

Praise God, from whom all bles-sings flow. Praise him, all crea-tures here be-low. Praise him a-bove, ye heaven-ly host.

Praise Fa-ther, Son, and Ho-ly Ghost.

Von den Genfer Melodien war die bedeutendste »Old Hundred« oder »Old Hundredth«, wie sie in England genannt wird. Diese Melodie, welche jetzt in Amerika zu den Worten der Lobpreisung »Praise God from whom all blessings flow« benutzt wird, war ursprünglich im Jahre 1552 von Bourgeois in Genf dem 134. Psalm angepaßt, und 1565 von Goudimel vierstimmig gesetzt worden.[1] Nachdem sie nach England gebracht war, wurde sie immer in Verbindung mit dem 100. Psalm angewendet. Diese Melodie ist der Gegenstand so vieler Untersuchungen gewesen, daß es gerechtfertigt ist, sie hier in drei von ihren vielen Formen einzufügen, unter welchen sie in den Psaltern und Gesangbüchern der drei verflossenen Jahrhunderte erschienen ist. Die zweite Form ist das schöne Arrangement von John Dowland, welches alle Stimmen innerhalb der Grenzen der ionischen und hyperionischen Tonarten hält, um eine Stufe erniedrigt. Die führende Stimme, cantus firmus, gehörte stets der ionischen Tonart an. Die dritte Form ist die, unter welcher sie mit wenig Abänderungen stets in Amerika bekannt gewesen ist.

3. Eine dritte Klasse von »hymn-tunes« bestand aus denen der englischen Verfasser jener Zeit und zeigte mehr Freiheit in der Harmonie und mehr Anmuth in ihren Melodien. Am bedeutendsten unter ihnen waren die Kompositionen und Bearbeitungen von Thomas und H. W. Greatorex, z. B. die Melodien Bemerton und Seymour.

Bemerton. Von H. W. Greatorex.

[1] Siehe verschiedene Aufsätze über diesen Gegenstand im Nachtrag zu Grove's Dictionary of Music and Musicians; auch die Autoritäten, auf welche früher, in Verbindung mit der Genfer Psalmodie hingewiesen wurde. Rev. H. W. Havergab veröffentlichte in England 1854 eine Abhandlung über diese Melodie, welche 28 verschiedene Formen derselben enthielt, wie sie in den verschiedenen Psaltern zum Abdruck gelangt war.

Die verschiedenen Formen des ungeraden Taktes, welchen einige dieser Melodien zuerst in den amerikanischen Kirchengesang einführten, bildeten eine der Grundlagen, aus welchen die »Sunday school« und »revivalistic music« in neuerer Zeit hervorging.

4. Eine andere Klasse von Melodien, welche in Deutschland befremden würden, sind die vielen Ableitungen aus weltlichen Quellen. Haydn's österreichische Kaiserhymne, Lvoffs' russische Nationalhymne, Arien aus dem »Freischütz« und »Martha«, Lieder von Lassen befinden sich unter den vielen Sachen, die als Hymnen-Melodien dienen müssen, seit es Mode wurde, Melodien für andere als ihre ursprünglichen Zwecke zu verwenden. Solche Anpassungen zeigen wirklich nicht viel Zunahme an Freisinnigkeit in musikalischen Angelegenheiten. Ihre Anwendung ist die Folge der Sorglosigkeit oder Gleichgiltigkeit von Seiten der Bearbeiter und der Unwissenheit seitens der Mehrzahl der Leute, welche sie benutzen. Es ist selbstverständlich, daß auch viele Ableitungen von den heiligen Oratorien gemacht wurden z. B. die folgende aus dem »Elias«.

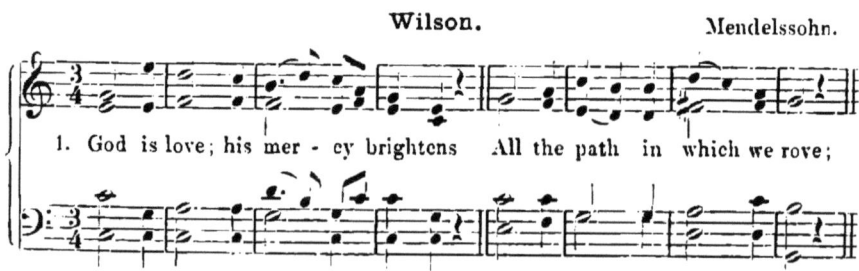

Bliss he wakes and woe he light-ens; God is wis-dom, God.... is love.

5. Eine fünfte Klasse Melodien trat zu Anfang des Jahrhunderts auf. Amerikanische Komponisten fingen an, sie unter dem Einfluß der romantischeren Melodien von Greatorex und anderen, die von auswärtigen Quellen stammten, zu schreiben. Ein interessantes Beispiel dieser ist die Melodie »Bera«. In ihr offenbart sich ein musikalisches Gefühl, das gänzlich von dem der Billings-Periode verschieden ist, trotzdem der alte $\frac{3}{2}$-Takt beibehalten ist.

Die wichtigste musikalische Thätigkeit dieser Zeit, die Einfluß auf die zukünftige Entwickelung hatte, war die Bewegung zu Gunsten des »church choir« und, eng damit verbunden, die Gründung von Oratorien- und Chorvereinen. Die bedeutendste unter ihnen war und ist noch jetzt die »Händel and Haydn Society« in Boston, welche 1815 gegründet wurde. Dieser große Chorverein ist durch seine häufigen Konzerte eine entscheidende Macht in der Bildung des musikalischen Geschmackes im ganzen Lande geworden. Die »New-York Philharmonic Society«, welche jetzt auf eine fünfzigjährige Thätigkeit auf dem Gebiete der Instrumentalmusik zurückblickt, ist die einzige musikalische Organisation in den Vereinigten Staaten, welche sich mit ihr, als einer erziehlichen Macht, vergleichen kann. Es haben sich viele andere Chorvereine gebildet, aber keiner von ihnen hat so innig in Verbindung mit der Entwickelung der Musik in der Kirche und den öffentlichen Schulen gestanden, wie diese.

Ein unerwünschtes Element ist in den letzten zwanzig Jahren zu einer schlecht angebrachten, hervorragenden Stellung in der Kirchenmusik gelangt; es sind dies die trivialen, manchmal losen Melodien, welche in den Zusammenkünften der »revivalists« und in den »Sunday schools« gesungen werden. Den Anfang bildeten einfache, aber anmuthige Melodien, besonders für Kinder geschrieben, z. B. die von Bradbury, welche hier angeführt ist. Dieser Stil in der Musik entartete jedoch und nahm die Stelle dessen ein, der viel größeren Werth besaß, einfach darum, weil seine Melodien leichter zu erlernen und zu behalten waren. Die Schuld trägt nicht allein die Musik; der Text dieser Lieder ist ebenso trivial und in vielen Fällen nahezu unehrerbietig. Das Beispiel, welches hier angeführt ist, ist keineswegs das schlimmste, welches unter den hunderten gefunden werden könnte, die Moody und Sankey und andere »Revivalists« benutzten und verbreiteten. Die Frage, ob es schicklich ist, sich solcher Lieder zu bedienen, bezieht sich nicht nur auf ihren musikalischen Unwerth, sondern auf den ganzen Gegenstand der »emotional Christianity«, um welchen jetzt so viele Meinungsverschiedenheiten in den amerikanischen Kirchen herrschen.

He Leadeth Me.

Wh. B. Bradbury.

Jesus Only.

Rev. R. Lowry, by per.

1. What tho' clouds are hov'ring o'er me, And I seem to walk a-lone—
2. What tho' all my earth-ly jour-ney Bringeth naught but wea-ry hours
3. What tho' all my heart is yearning For the loved of long a-go—
4. When I soar to realms of glo-ry, And an en-trance I a-wait.

1. Lon-ging 'mid my cares and cros-ses For the joys that now are flown—
2. And, in grasp-ing for life's ros-es, Thorns I find in-stead of flow'rs—
3. Bit-ter les-sons sad-ly learning From the sha-dowy page of woe—
4. If I whis-per, "Je-sus on-ly!" Wide will ope the pearl-y gate;

1. If I've Je-sus, "Je-sus on-ly", Then my sky will have a gem;
2. If I've Je-sus, "Je-sus on-ly," I pos-sess a clus-ter rare;
3. If I've Je-sus, "Je-sus on-ly", He'll be with me to the end;
4. When I join the heavenly cho-rus, And the an-gel hosts I see,

1. He's a Sun of brightest splendor, And the Star of Beth-le-hem.
2. He's the "Lil-y of the Val-ley", And the "Rose of Sha-ron" fair.
3. And, un-seen by mor-tal vis-ion, An-gel bands will o'er me bend.
4. Prescious Je-sus, "Je-sus on-ly", Will my theme of rap-ture be.

III.

Der Church Choir.

Der Chor in amerikanischen, nicht liturgischen Kirchen ist eine Einrichtung, welche sich in der Geschichte und Organisation in hohem Grade von den Kräften unterscheidet, denen die Aufführung der Musik in den katholischen, lutherischen und Staatskirchen Europas und Englands anvertraut ist.[1] Er unterscheidet sich sehr durch die Zahl und musikalische Kraft seiner Mitglieder und durch den Charakter der Musik, die aufgeführt wird; aber stets ist jeder thatsächlich ein Theil der **Gemeinde der Andächtigen**, beider, der Männer und Frauen, die besonders dazu erwählt sind, die anderen in der Aufführung des Theiles der Musik zu vertreten, welcher wegen seiner technischen Schwierigkeiten unmöglich von der ganzen Gemeinde aufgeführt werden kann; oder er ist **theoretisch** ein solcher Theil, selbst wenn der Organist und die Sänger, aus denen er zusammengesetzt ist, anderswoher berufen wurden und nur in zu vielen Fällen kein besonderes persönliches Interesse an der Gemeinde haben.

In jedem Falle vertritt der Chor das Volk und vertritt in keiner Weise die Geistlichkeit, oder irgend eine andere besonders eingesetzte Klasse.

Es würde über den Raum dieser Schrift hinausgehen, die vielen kleinen Einzelheiten genauer in Betracht zu ziehen, wie den »clerk« der englischen Kirche, die Erziehung der Chorknaben, die dauernde Stellung, welche ein deutscher Kantor genießt; sie alle zeigen, daß in den englischen und lutherischen Kirchen noch Spuren der alten katholischen Ansicht vorhanden sind, die in Laodicea zur Geltung gelangte, daß der Kirchensänger eine Art Geistlicher sei, obgleich doch auch in diesen beiden Kirchen der Gemeinde ein fast ebenso großer Antheil an der Musik gewährt worden ist, wie in den Genfer Kirchen oder denen puritanischen Ursprungs.

---

[1] Obgleich die katholischen und Episkopalkirchen Amerikas historisch fast gar nicht in so enger Verbindung mit diesem Chore stehen, daß die Anwendung ihrer Chöre davon beeinflußt wurde, so haben sie oft die wichtigsten Züge ihrer Organisation davon entlehnt. Und diese selbe Entlehnung hat in der That auch in England stattgefunden, schon von der Zeit an, als die Established Church die »psalmody« von den Genfer Flüchtlingen entlehnte. Der neuste Beweis dafür ist die Aufnahme der Frauen in den eingekleideten Chor der Established Church. Siehe den Bericht über seine Erfahrungen mit einem solchen Chor in St. James Church, Marlebone, London von Rev. H. R. Haweis in »Illustrated London News«, August 1892.

Aus der Meinung, daß der amerikanische Kirchenchor dem Volke und nicht der Priesterschaft angehöre, entstanden erstens seine eigenthümlichen erziehlichen Vortheile, vom musikalischen Standpunkt aus betrachtet; ferner, eine häufige Kraftlosigkeit, Unthätigkeit und endlich jene Mißbräuche, die in reich begüterten Kirchen dahin führten, daß die Aufführungen berufsmäßiger Chöre zu sehr an den Konzertsaal erinnerten und daher in jenen Personen, die es mit der christlichen Arbeit am ernstesten nehmen, das alte puritanische Vorurtheil gegen alle künstlerische Musik erneut haben, d. h. gegen alle Musik, welche eine sorgfältige Vorbereitung erfordert.

Dem Entstehen der »singing school« folgte bald die erste Bewegung für den Chor. Die Berichte vieler alter Städte Neu-Englands erwähnen die Erlaubniß oder Aufforderung an die Sänger, in einem bestimmten Theil der Kirche[1] zusammen zu sitzen, damit sie das Psalmen- oder Hymnensingen besser leiten und beaufsichtigen könnten. Aber dies blieb nicht lange der einzige Antheil, der ihnen am Gottesdienst gestattet wurde. Die Thätigkeit der Billings-Schule hatte freiere Ansichten mit sich gebracht. In den Singschulen wurden nicht nur die Hymnen von Dr. Watts und Anderen geübt, sondern auch kurze »anthems«[2], und es war natürlich, daß die Sänger in ihrer Begeisterung den Wunsch hegten, diese fortgeschritteneren Resultate ihrer neuen musikalischen Studien in den Dienst der Kirche zu stellen. Dies wurde endlich erlaubt, und es wurden »anthems« gesungen, in welche die Gemeinde nicht mit einstimmte. So wurde zuerst in Amerika ein Unterschied zwischen der Musik gemacht, an welcher sich alle vernehmlich betheiligten, und jener, welche vom Chor, als dazu besser befähigt. für die ganze Gemeinde aufgeführt wurde.

Seit der Feststellung dieses Unterschiedes vor hundert Jahren kann der choir, als ein dauernder charakteristischer Zug des Gottesdienstes angesehen werden. Er besaß von Anfang an in Verbindung mit der »singing school« einen großen erziehlichen Werth. Er bildete einen anziehenden und höchst achtbaren Gegenstand für die Thätigkeit der musikalischen Dilettanten. Eine Einladung, im Chor zu sitzen, war das Ziel, welches junge Leute anzog und ihre An-

---

[1] »in the front gallery«. Rowley, Massachusetts, 1762.
»huid body seals on the men's side«. Worcester, Mass. 1779.

[2] Das Wort »anthem« hatte lange vor dieser Zeit seine etymologische Bedeutung, Wechselgesang, verloren; und bedeutete irgend einen Kirchengesang, der sich wegen Wiederholungen, Solos, oder sonstiger Ausschmückungen von der »hymn«-Form unterschied. Die Worte eines »anthem«, wie er jetzt ist, können, oder können auch nicht der Bibel entnommen sein. Anthems sind fast nie von der Gemeinde gesungen worden.

strengungen in der »singing school« steigerte. Es war sehr begehrt, ein Solist oder Leiter des Chors zu sein, und die Diakonen und andere würdevolle ältere Leute stritten sich oft darum. Berufsmäßige Musiker waren fast unbekannt, und der gewöhnliche Neu-Engländer von vor hundert Jahren hätte sich kaum vorstellen können, was es für einen berufsmäßigen Musiker in der Welt zu thun gebe. Aber fast jedes Mitglied der Gemeinde interessirte sich für Musik, betheiligte sich ein wenig daran, war einmal Mitglied des choir gewesen und hatte die Proben mitgemacht.

So war dieser erste Schritt vorwärts in der musikalischen Entwickelung ein Schritt, der thatsächlich von dem ganzen Volke gemacht wurde. Obgleich natürlich ein Unterschied im Grade des Fortschritts der Einzelnen bestand, so war doch der Ursprung und die Entwickelung des Kirchenchores bis vor fünfzig Jahren eine Bewegung, von welcher man sagen kann, 'daß jedes Mitglied der Kirche und der Gemeinde thätigen Antheil daran genommen habe. Sein bildender Einfluß wurde auf Alle ausgeübt, trug aber nur wenig dazu bei, eine getrennte Klasse von Musikern zu errichten. Mithin stand er im schärfsten Gegensatz zu dem großen erziehlichen Einfluß, den das Chorsystem z. B. in Deutschland ausübte, wo eine gründliche und ausgedehnte musikalische Erziehung aber nur einer besonderen Klasse ertheilt wird und wo auf die Gemeinde im großen Ganzen nur durch öffentliche musikalische Aufführungen und nicht durch eine thätige Betheiligung der Menge eingewirkt wird. Jedes dieser Kirchenchor-Systeme hat viel zur Pflege der Musik in dem Lande beigetragen, wo es herrscht. Unter den großen deutschen Komponisten haben nicht wenige in der jugendlichen Schulung eines »Konvikt« oder einer »Thomasschule« die günstigen Bedingungen gefunden, die ihnen die Laufbahn eines Komponisten ermöglichten. Und andererseits war die amerikanische »choir«-Bewegung, trotzdem daß sie bis in die letzten Jahre hinein den musikalischen Spezialisten nicht die geringste Gelegenheit bot, Fortschritte zu machen, ein äußerst wichtiges Mittel, dem amerikanischen Volk eine allgemeine Kenntniß der Elemente der Musik und musikalischen Notenbezeichnung zu verschaffen. Die Größe der Arbeit, welche in dieser Richtung bis vor fünfzig Jahren vollbracht worden ist, ehe sich andere musikalische Einflüsse weiter verbreiteten, ist überraschend, wenn man die ursprüngliche Gleichgiltigkeit und selbst Feindseligkeit der Puritaner gegen alle Musik bedenkt.

Die erste Puritaner-Gemeinde in Neu-England war gewiß eines der wenigst versprechenden Felder für das Wachsthum der Musik, welches die neue Geschichte aufweist, und es ist ein Wunder, daß, wenn man die Melodien und Chöre von Billings und seinen direkten

Nachfolgern prüft, — sich soviel Leben und musikalische Kraft neben Unreifheit und Dilettantismus offenbart.

Aber von rein musikalischem Standpunkte aus beurtheilt, waren die Aufführungen dieser Chöre wirkungslos. Da sie nur die einfachsten Grundlehren erhalten hatten und sich nicht für verpflichtet hielten, den Proben regelmäßig beizuwohnen, erreichten ihre Mitglieder niemals einen Grad der Vollkommenheit, der sich nur im Geringsten mit dem der Chorsänger vergleichen läßt. die in anderen Ländern durch die Kirchen sorgfältig erzogen und regelrecht geschult werden. Dies bewahrheitet sich auch bis auf den heutigen Tag an allen freiwilligen Chören, die keine fortgesetzte und geschickte Schulung erhalten und sich nicht zu regelmäßiger Theilnahme und ernstem Studium verpflichtet haben, was erforderlich ist, um eine solche Ausbildung erfolgreich zu machen. Diese Bedingungen für eine gute Wirksamkeit sind jedoch in einigen Fällen, die wegen ihrer Seltenheit augenfällig sind, erfüllt worden, und der Erfolg, von dem sie gekrönt wurden, liefert den werthvollsten Schlüssel zur Lösung der Frage: Wie soll in Zukunft der Chor in Amerika gestaltet sein?

Aber zum größten Theil fing eine musikalische Wirksamkeit erst an, d. h. kunstvolle Kirchenmusik wurde künstlerisch aufgeführt, als besoldete Musiker angestellt wurden; zuerst wurde natürlich ein Organist mit Gehalt angestellt. Es würde unmöglich sein die Zeit bestimmt anzugeben, zu welcher man anfing, Instrumente zu gebrauchen; da die Meinung darüber in den Stadt- und Dorfkirchen ganz verschieden war. Obgleich das Cello und die Baßgeige an vielen Orten zur Zeit der »fuging tunes« benutzt wurden, blieb eine Opposition dagegen bis in dieses Jahrhundert hinein bestehen. Nicht eher als man mit der Herstellung von Orgeln und Melodeons angefangen hatte, und ihre unverkennbare Anwendbarkeit für die Kirchenmusik bekannt geworden war, wurde es allgemein Sitte, Instrumental-Musik fest einzurichten. Gegen diese Instrumente wurden nicht die Einwendungen erhoben, welche von Vielen gegen die Saiteninstrumente gemacht worden waren; vermuthlich, weil sie keinen Anlaß zur Gottlosigkeit des Tanzens und des Theaters gaben. Das Beispiel der Episcopal churches, welche zu Ende des vorigen Jahrhunderts verhältnißmäßig zahlreich in den Vereinigten Staaten vertreten waren, half auch das Vorurtheil gegen die Orgeln niederzureißen. Auch reiche Kirchen anderer Sekten führten sie ein und ärmere Kirchen nahmen schnell einen Ersatz dafür an, sobald er sich bot. Aber wie das Cello vorher eine Stimme verstärkt hatte, so diente die Orgel jetzt anfänglich hauptsächlich dazu, alle Stimmen zu verstärken. Dies bewirkte, was alle Versuche, welche gemacht werden, die Stimmen durch Instrumente zu führen, zur Folge haben, daß nämlich die Unabhängigkeit und echte musikalische Leistung der Sänger vermindert wurde. Aber die Orgel trug, abgesehen von diesem einzigen Mißbrauch, wesentlich zur Erweiterung und Verbesserung der Chor-Musik bei.

In den meisten Fällen wurde es anerkannt, daß der Organist für seine Geschicklichkeit und Vorbereitung entschädigt werden sollte, und so fing man an Gehalte zu zahlen. Es war nun ein leichter Schritt, bei dem zunehmenden Reichthum der Kirchen auch die Sänger zu bezahlen. Diese Sitte, welche vor 50 Jahren anfing, wird mehr und mehr allgemein, und jedes Jahr sieht eine größere Anzahl Kirchen in kleineren Städten und Dörfern bezahlte Chöre beschäftigen. In großen Städten hat sie sich seit Jahren fest eingebürgert. Die Gewohnheit fing oft damit an, einen Sopransolisten anzustellen und den freiwilligen Chor beizubehalten. Aber dies setzt das Gefühl der Verantwortlichkeit bei den freiwilligen Sängern noch mehr herab und gewöhnlich hat es unmittelbar zur Folge, daß noch drei Solisten, ein Alt, Tenor und Baß angestellt werden. Die freiwilligen Sänger sind dann fernerer Dienste enthoben. Dies ist, kurz gefaßt, der Übergang vom unbezahlten Chor zum bezahlten Quartett, der in tausenden von amerikanischen Kirchen stattgefunden hat: in den Kirchen der Independenten, Unitarier, Presbyterianer, Baptisten, Methodisten und selbst bei den Anhängern der englischen Kirche.[1] Die Nachfrage, die in Folge dessen nach selbständigen und ziemlich fähigen Solosängern und Organisten entstand, ist einer der gewichtigsten Gründe gewesen, warum in den letzten Jahren so viele junge Leute in den Vereinigten Staaten sich dem Studium der Musik gewidmet haben. Die Gehalte, welche gezahlt werden, sind nicht so hoch, daß sie sie immer dazu veranlassen, berufsmäßige Musiker zu werden. Viele von den Organisten widmen ihre Zeit ausschließlich der Musik; aber für die Sänger ist die Musik, ihre Thätigkeit im Chor nur Nebenarbeit und dient nicht zu ihrem Lebensunterhalt. Die best dotirten Stellungen im Chor werden jedoch in New-York und anderen größeren Städten von berufsmäßigen Konzert- und Oratoriensängern eingenommen. Aber durch die Errichtung einer Klasse von halb berufsmäßigen Kirchensängern ist der Quartettchor zu einer Macht in der musikalischen Erziehung

---

[1] Nur weniger als die Hälfte der englischen Kirchen haben den englischen, ein Chorhemd tragenden Knabenchor, welchen die episcopalische Lehre und der Prozessionsdienst verlangen. Die anderen folgen den Gebräuchen anderer Sekten, sie verzichten auf den Prozessions- und eingekleideten Knabenchor und haben ein Quartett oder vielstimmigen Chor von Männern und Frauen, welche auf der Chor-Gallerie sitzen. Oft folgen in derselben Kirche diese beiden Systeme mit der Zeit auf einander.

geworden, der dem freiwilligen Chor früherer Zeiten entspricht, aber auf viel höherer Stufe steht. Das Höchste, was durch das alte System geleistet wurde, war die Vorbereitung gewöhnlicher Chorsänger, wodurch die nöthigen Vorbedingungen zur Bildung großer Oratorien-Gesellschaften, wie der Bostoner »Händel and Haydn Society«, geschaffen wurden. Andererseits hat das System der Quartettbesoldung zu einer gründlicheren Ausbildung im Solo- und mehrstimmigen Gesang geführt, die aber unmittelbar weniger Leuten zu Gute kommt. Ein interessantes Zeichen seiner Wirkung ist die Bildung solcher Vereine wie der »Gounod Club« in New-Haven Connecticut. Diese Gesellschaft, 1887 gegründet, beschränkt sich auf dreißig Mitglieder, welche alle erfahrene Solo- oder Quartettsänger sind, und ihr Ziel ist die Aufführung von Chorgesängen, welche sich wegen ihrer Schwierigkeit oder aus anderen Gründen nicht für die großen Chöre der Oratorien-Vereine eignen. Man stellte einen anerkannt fähigen Leiter an und so erzielten diese Sänger, welche gewohnt waren mit sorgfältiger Beobachtung des Ausdrucks, der Aussprache, der kleinen Feinheiten der Schattirung zu singen, wunderbare Wirkungen. Nicht so wuchtige Chöre, wie aus dem »Israel in Egypt«, werden versucht, aber Werke von Palestrina, Bach's Kantaten, Chöre aus Opern; schwierigere Werke moderner deutscher Motetten- und englischer »anthem«-Komponisten stehen auf ihren Programmen. Solche Werke, wie diese, werden mit einer Vollendung und Treue den Ideen des Komponisten gegenüber wiedergegeben, wie sie einem größeren Chor unmöglich sind, und auch da unmöglich bleiben, wo die einzelnen Sänger nicht mehr Fertigkeit haben, als die gewöhnlichen Chorsänger. Als Beleg diene ein Vergleich mit Leipzig. Was einem Chor von der Größe und Art des Riedelvereins unmöglich ist, — wie gut auch seine Schulung sein und auf welcher Höhe der Musik seine Leitung stehen mag — die Aufführung nämlich einer Motette, wie Volkmann's »Weihnachtslied aus dem 12. Jahrhundert«, das ist hier gelungen.

Die gewöhnliche Reihenfolge des Gesanges im Gottesdienst umfaßt drei Hymnen, vom Chor und der Gemeinde zusammen gesungen, einen »anthem«, nur vom Chor aufgeführt, und auch ein kurzes Responsum nach dem Gebet. Manchmal wird auch ein Solo als Offertorium, oder nach der Predigt gesungen. Diese bilden mit dem Vorspiel und Nachspiel der Orgel die gewöhnliche Musik; aber die Form des Gottesdienstes ist sehr dehnbar, und es werden oft andere Stücke hinzugefügt. Die gebräuchlichen »anthems« umfassen Bearbeitungen von Oratorien und Werken englischer und amerikanischer Komponisten. Von denen, die amerikanischen Ursprungs sind, sind die folgenden bezeichnende Beispiele.

— 52 —

Bonum est.

Dudley Buck. Op. 82. No. 1.

Quartet a capella.

From Dudley Buck's Golden Legend.

Die Gehalte, welche Organisten und Sänger beziehen, betragen $ 50 bis $ 2000 jährlich, die meisten halten sich jedoch in den Grenzen von $ 200 bis $ 800. Die größten mit diesem System verknüpften Schäden entstehen dadurch, daß die Musiker immer nur auf ein Jahr angestellt werden. Wechsel sind häufig. Die Sänger gehen von einer Kirche zur anderen, fühlen sich bald nicht mehr eins mit der Gemeinde und betrachten ihre Arbeit in der Kirche nur als eine angenehme, achtbare Art, sich ein wenig Geld zu verdienen oder werthvolle musikalische Erfahrung zu erlangen.

Obgleich sie manchmal aus der Gemeinde, in welcher sie singen, hervorgehen, kommen sie doch oft wo anders her; in diesem Falle beschränkt sich ihre persönliche Verbindung mit der Kirche fast nur auf den Verkehr mit dem Kirchenvorstand, der sie angestellt hat.

Es überrascht nicht, daß die Kirchenmusik, wenn sie von solchen Leuten ausgeführt wird, manchmal wie Konzertmusik erscheint, selbst wenn die Absichten der Sänger keineswegs unehrerbietig sind. Sie haben hauptsächlich musikalische Interessen. Wenn die Kirchenbehörden keine sorgfältige und theilnahmsvolle Aufsicht führen, und besonders, wenn luxuriöse Gemeinden großartige musikalische Aufführungen verlangen, ist es nicht zu verwundern, daß diese Aufführungen manchmal den ausgesprochenen religiösen Charakter verlieren, welcher allein für die Kirche geeignet ist.

Nachdem die Strenge der puritanischen Anforderungen aufgegeben ist, daß nämlich die Kirchenmusik nur einer maßgebenden Quelle entstammen solle, sind die Verwalter der Chöre in vielen Fällen einen Schritt zu weit gegangen und haben den Fehler gemacht, in die Kirchenmusik Elemente zuzulassen, denen kein Adel innewohnt und die für gottesdienstliche Zwecke nicht geeignet sind. Wo der freiwillige Chor aufgegeben wurde, ist die aktive Theilnahme der ganzen Gemeinde am Hymnengesang geringer geworden; so ist nicht nur der Chor aufgegeben, sondern auch die Sache, welche der Chor vertrat, ist aus dem Gesichtskreise verloren worden, nämlich der Gemeindegesang.

Dieses sind also die zwei ernsten Einwendungen, welche häufig gegen das System der Verwaltung der Kirchenmusik, gegen die Anstellung eines besoldeten Quartetts gemacht sind; daß nämlich die Aufführungen desselben unschicklich für den Gottesdienst seien, und daß es eine entmuthigende Wirkung auf den Gemeindegesang ausübe. Es haben Reaktionen stattgefunden. Chöre sind schnell und enthusiastisch organisirt und man hat sie gelegentlich erfolgreich aufrecht erhalten, aber in den meisten Fällen hat der Enthusiasmus nachgelassen und der Plan ist nach und nach aufgegeben worden.

Hier ist nicht der Ort, die Schwierigkeiten der Chor-Frage zu erörtern. Schließlich muß eine endgiltige Lösung derselben beide Anforderungen, die des Gottesdienstes und die der Kunst, befriedigen. Die Gegner des Systems, welches eben in Umrissen angegeben worden ist, haben gewöhnlich den Fehler gemacht, zu glauben, daß seine Schäden schon daraus entstanden, daß den Musikern Geld gezahlt wurde, und daß sie selbst in der Ausübung ihrer Kunst weiter fortgeschritten waren als andere Leute. Aber gute Resultate erfordern eine besondere Fertigkeit und Vorbereitung, und eine Vorbereitung hierzu, wie zu jeder anderen Sache, verdient mit Recht eine Entschädigung.

Die erfolgreichste Organisation von den vielen, die unternommen wurden, ist nach der Meinung des Verfassers die, welche sowohl ein tüchtiges Quartett besoldeter Solisten als auch einen Chor von 16 bis 40 Stimmen beibehält. Dieser Chor mag soviel als möglich von den jungen Leuten der Kirche selbst gebildet sein, die sich zur Mitwirkung im Chor verpflichten, wofür sie eine regelmäßige Zahlung in Form einer systematischen musikalischen Unterweisung — sowohl Einzel- als Gesammt-Unterricht — erhalten. Die Kosten, welche dieses System verursacht, sind wirklich nicht so groß, als die Beträge, welche, oft ganz nach Laune, dem Organisten und Soloquartettsänger als Gehalt bezahlt werden; während der Chor und folglich der Gemeindegesang dadurch gefördert werden und der erziehliche Einfluß sehr erweitert und gesteigert wird.

IV.
Konzerte und Opern.

In der Kirchenmusik hat sich bis vor Kurzem in Amerika nur wenig Einfluß von außerhalb geltend gemacht. Von der Zeit an, als die »psalmody« als der erste Keim dazu von den Puritanern mitgebracht wurde, bis in die Mitte dieses Jahrhunderts hinein, als die »choirs« anfingen freien Gebrauch von der Musik deutscher, englischer und französischer Komponisten zu machen, lag ihre Entwickelung gänzlich in den Händen der Amerikaner selbst. Es gab gelegentlich, das ist wahr, englische und seltener deutsche und italienische Musiker, welche sich während dieser Zeit in Amerika niederließen und großen Einfluß auf musikalischem Gebiete gewannen. Aber sie vollbrachten nur wenig, besonders für die Musik der Kirche, mit welcher sie manchmal als Organisten in den Episcopalkirchen locker verbunden waren. Ihr Einfluß kann jedoch gänzlich übersehen werden, im Vergleich zu den Einwirkungen, welche sich in diesen jüngst verflossenen Jahren durch die außerordentlich starke Einwanderung und den gesteigerten Verkehr zwischen Europa und Amerika an der Musik Amerikas geltend gemacht haben. Die Resultate dieser streng amerikanischen Entwickelungsperiode sind, wie die vorhergehenden Untersuchungen zu zeigen versuchten, unbedeutend gewesen, wenn man sie vom Standpunkt der Komposition aus betrachtet, aber andererseits sind sie überraschend groß und von unschätzbarem Werth gewesen für die allgemeine Verbreitung der ersten musikalischen Grundsätze, für die Erweckung und Erhaltung des Interesses für Musik und für die Vorbereitung des Bodens für die vielen Formen der Musik, der weltlichen und geistlichen, die wie eine Fluth, welche die Schranken durchbrochen, im letzten halben Jahrhundert über das Meer zu uns gekommen sind.

Aber die an und für sich von kirchlichen Zwecken losgelöste Musik hat keine solche Periode unabhängigen Wachsthums gehabt, und es ist auch keine dementsprechende in Zukunft zu erwarten. Die dazu nothwendige Isolirung ist nicht mehr möglich.

Die verschiedenen Aufführungen von Opern und alle Konzerte, die nicht unmittelbar aus der Kirchenmusik hervorgehen, können als auf einander folgende Einführungen von außerhalb angesehen werden, als etwas, das von den Amerikanern hoch geschätzt und genossen wurde, sich jedoch lange Zeit nicht den heimischen Quellen anpaßte und unentwickelt blieb. Über die Geschichte der Oper ist in Amerika mehr geschrieben worden, als über andere musikalische Angelegenheiten, welche in Wirklichkeit von viel größerem Einfluß auf die Bestimmung des musikalischen Geschmacks des Landes gewesen sind. Eine solche Geschichte ist jedoch nothwendiger Weise nur ein Bericht über eine Reihenfolge von Begebenheiten und nicht über den Aufbau oder die fortwährende Verpflanzung einer Einrichtung.

Das Theater hat trotz der Opposition, die noch in den meisten amerikanischen Kirchen dagegen besteht, einen finanziellen Erfolg aufzuweisen und ist beim Volke beliebt. Die meisten Städte mit 30 000 Einwohnern haben ein gut eingerichtetes, oft verschwenderisch ausgestattetes Theater. Aber Theater schließt in Amerika nicht den Begriff einer Schauspieltruppe in sich, wie in Deutschland. Es bedeutet nur einen Theatersaal. Von den hunderten dieser Theater, oder Opernhäuser, wie sie oft genannt werden, die über das ganze Land verstreut sind, haben nur wenige in den größten Städten ein stehendes Personal. Die Stücke werden von umherreisenden Gesellschaften gegeben, die in kleineren Städten nur für eine Aufführung oder höchstens eine Woche lang und in größeren etwa einen Monat oder länger bleiben. Es ist viel für und gegen diese Einrichtung gesprochen worden. Da das Theater aber keine Unterstützung vom Staate erhält, so ist dies System gegenwärtig vielleicht im Allgemeinen das einzig mögliche. Die Oper ist stets in Übereinstimmung mit diesem System, das in langen »seasons« ein wenig abgeändert worden ist, in Amerika aufgeführt worden. Ihr Einfluß, der sich zuerst nur auf wenig Leute in New-York, Boston und New-Orleans erstreckte, übte nur eine geringe Wirkung auf das Land im großen Ganzen aus. Erst seit Kurzem fingen die Opern an, durch häufige und ausgezeichnete Aufführungen einen beträchtlichen Einfluß auf die Zunahme musikalischer Kenntnisse und Bildung des musikalischen Geschmacks im ganzen Lande auszuüben.

Das große Ereigniß, welches gewöhnlich als der Ursprung der Oper in Amerika bezeichnet wird, war die Ankunft von Manuel Garcia sen. und seiner talentvollen Familie, der 1825 nach New-York kam, um eine Opernsaison zu geben. Zu seiner Gesellschaft gehörte auch sein Sohn, Manuel Garcia jun., der sich später als Gesanglehrer auszeichnete, den Werth des Kehlkopfspiegels für den Sänger bewies, und der noch in London, in der thätigen Ausübung seines Berufs lebt. Ferner gehörte dazu seine Tochter Marie, die als Madame Malibran berühmt wurde. Die aufgeführten Opern waren die italienischen Kompositionen jener Zeit, unter ihnen »Don Juan« und der »Barbier von Sevilla«, in welchem Garcia der Ältere den Almaviva sang, welche Rolle Rossini besonders für ihn geschrieben hatte. Ein ziemlich gutes Orchester von 25 Mann wurde in New-York zusammengebracht, das aber nicht dem von heutzutage glich, weil nur wenige Mitglieder desselben Deutsche waren.

Es mag hier auf eine andere Sitte hingewiesen werden, durch die es möglich wurde, der Truppe Garcia's in New-York das Material zu einem Orchester zu stellen, und durch welche in späteren Jahren oft Opern-Vorstellungen ermöglicht wurden, die sonst in kleineren Städten hätten unterbleiben müssen. Dies ist die Sitte, gemischte Orchestermusik vor der Vorstellung und zwischen den Akten der Schauspiele zu geben. Diese Musik ist nur selten für die betreffende Vorstellung geschrieben oder ausgewählt, sondern einfach nur hinzugefügt worden, um die Zeit auszufüllen und um das Geräusch der Zuspätkommenden oder die laute Unterhaltung zu verdecken. Die »Theatermusik« besteht aus allem Möglichen, Opern-Potpourris, Walzern oder was sonst anzieht und dieselben Zwecke erfüllt, wie die Musik im Ballsaal — nach der einen will man tanzen, nach der anderen gehen und sprechen. Was man nun auch dazu sagen mag, ob es wünschenswerth sei, die Musik zu solchen Zwecken zu verwenden, indirekt ist diese Sitte zu einer großen Wohlthat für Amerika geworden, denn dadurch sind oft Orchesterspieler zusammengekommen und Orchester zu Zeiten und an Orten erhalten worden, wo es gänzlich an einem anderen Beistand mangelte. So sind Orchester aufrecht erhalten, auf welche man sich bei einer gelegentlichen Opernaufführung verlassen kann und — was noch viel wichtiger ist — aus diesen kleinen Anfängen sind große Orchester entstanden, welche jetzt Symphoniekonzerte geben und in jeder Weise viel zu der Möglichkeit, gute Musik zu hören, beitragen.[1] Dies war schon lange die Lage der Dinge, ehe Garcia kam, und sie ermöglichte es, daß die erste italienische Opernsaison 1825 mit einem vollständigen und leistungsfähigen Orchester ausgestattet werden konnte.

Das Auftreten Garcia's mit seiner italienischen Gesellschaft kann als der Anfang der gegenwärtigen Periode im Opernleben der Vereinigten Staaten betrachtet werden. Aber es gab auch noch andere frühere Einflüsse von Bedeutung, nämlich die Aufführung englischer

---

[1] Vor drei Jahren erschien im »Cosmopolitan Magazine« ein Aufsatz über die Musiker New-York's, in welchem angegeben wurde, daß es schon damals eben so viele leistungsfähige Orchesterspieler in New-York gab, wie in Berlin.

»ballad operas«, welche ziemlich häufig seit der Mitte des vorigen Jahrhunderts in New-York stattgefunden hatten. Diese Form der komischen Oper. welche 1727 in England ihren Ursprung in John Gay's berühmter »Beggars Opera« hatte, war ein gesprochener, mit Gesängen durchflochtener Dialog, zu denen die beliebten Balladen und Lieder jener Zeit benutzt wurden.[1] Diese Oper hatte einen großartigen Erfolg und es entstanden viele Nachahmungen, von denen aber keine so beliebt wurde, als die »Beggars Opera« selbst. Es weist nichts darauf hin, daß diese Stücke vor 1750 in Amerika gegeben wurden, dem Jahre, in welchem nach Ritter[2] die »Beggars Opera« wahrscheinlich zum ersten Male in New-York aufgeführt wurde. Ihr Erfolg war fast ebenso groß, wie vorher in England, und hundert Jahre lang, von jener Zeit an, waren Aufführungen derselben und ihrer Nachahmungen in den New-Yorker Theatern üblich. Diese Form hatte jedoch wenig mit der italienischen Oper gemein. Sie führte die englische Ballade in Amerika ein, aber nicht für die Dauer. Doch eine große That vollbrachte sie: sie enthüllte dem Volke die Schönheiten der menschlichen Stimme und, was sie zu vollbringen im Stande ist, unabhängig von irgend welcher musikalischen Form. Auch bildete sie den ersten großen Einfluß auf die Förderung der Vorliebe für den Sologesang, eine Vorliebe, die dem amerikanischen Volke in hohem Grade eigen ist.

Das wichtigste Ereigniß, das sich aus der englischen »Ballad opera« ergab, war eine einzige Aufführung in englischer Sprache von einzelnen Theilen aus Weber's »Freischütz«, die zu Anfang desselben Jahres 1826 stattfand. Natürlich war dies keineswegs so wichtig, als die Aufführung des »Freischütz« in Deutschland, wo es ein Abschütteln der Tyrannei der italienischen Oper und den Anfang zu einer großen nationalen, musikalischen Einrichtung bedeutete. Denn in New-York wurde diese Oper in verstümmelter Form und in englischer Sprache gegeben, und die italienische Oper hatte man noch nicht gehört. Sie hatte nur Bedeutung insofern, als sie den musikalischen Horizont erweiterte und den Einfluß fortsetzte, den die Ballade zu Gunsten eines künstlerischen Sologesangs ausübte.

Die italienische Oper in Amerika vom Auftreten Garcia's an bis zu der Zeit zu verfolgen, wo vor wenigen Monaten die ersten Aufführungen der »Cavalleria rusticana« in New-York an einem Tage in zwei mit einander rivalisirenden Theatern stattfanden, heißt einfach die ganze Entwickelung der italienischen Oper in Europa verfolgen. Denn Alles, was in Europa gegeben worden ist, ist un-

---

[1] Über die »Ballad Opera« siehe Grove's Dictionary Vol. I, Seiten 209 u. 189.
[2] »Music in America« 148.

vorzüglich in New-York wiederholt worden. Grisi, Mario, Rocco, Brignoli, Lagrange, Formes, Ronconi, die Patti's, Nilsson, Gerster, Campanini, sind einige wenige der berühmteren Namen unter den Hunderten von Sängern, die unter verschiedenen Leitungen in der italienischen Oper in New-York gesungen haben. Unter den Amerikanern, die sich Ruhm als Opernsänger erworben haben, befinden sich Charles Adams, Foli, Annie Louise Carey, Clara Louise Kellogg, Tom Carl, Minnie Hauk, Myson W. Whitney und Sibyl Sanderson; aber es ist auffallend, daß fast alle diese Künstler ihre Ausbildung und ersten Lorbeeren im Auslande erhielten. Die hervorragendsten Operngesellschaften, die hauptsächlich aus amerikanischen Sängern zusammengesetzt waren und eigentliche Opern in englischer Sprache aufgeführt haben, waren die »Emma Abbott Opera Company«, »The Boston Ideals« und »The National Opera Company«. Die letzt genannte Gesellschaft wurde 1885 in Verbindung mit dem »National Conservatory of Music« von reichen New-Yorkern gegründet. Aber die Abtheilung für die Oper erwies sich als ein finanziell verunglücktes Unternehmen und wurde aufgegeben.

Der große Erfolg der deutschen Oper in den wenigen letzten Jahren wurde durch zweierlei ermöglicht. — Erstens durch das Interesse, welches für Richard Wagner's Musik im Konzertsaal durch die Bestrebungen zweier großer Orchesterdirigenten, Theodor Thomas und Leopold Damrosch, erweckt wurde, und zweitens durch den Enthusiasmus der deutschen Bevölkerung, die in Amerika ansässig ist. Hervorragend ist das Werk von Theodor Thomas, da es Tausenden den ersten Geschmack einer echten Orchestermusik giebt. Obgleich von deutscher Geburt, ist Thomas von Kindheit an so innig mit amerikanischen Sitten verwachsen, daß er mit Recht für einen Amerikaner angesehen werden kann. Als er, ein zehnjähriger Knabe, 1845 nach Amerika kam, besaß er schon eine beträchtliche Erfahrung als Konzert-Solo-Violinspieler. Er verfolgte diese Laufbahn unter der Leitung und Unterweisung seines Vaters, reiste eine Zeit lang und wurde dann als einer der ersten Violinspieler für die Jenny Lind-Konzerte engagirt. Durch seine bis 1861 dauernde Beziehung zur Oper als Konzertmeister gewann er einige Erfahrung im Dirigiren. Von 1855 bis 1869 leitete er, als erster Violinist, eine Serie von Kammermusik-Konzerten. Diese waren die ersten, welche in New-York und überhaupt in ganz Amerika jahrelang Bestand hatten. So groß diese Leistung war, so ist sie doch von seinen Symphonie-Konzerten verdunkelt worden. Diese fingen 1864 in New-York an und wurden mit gelegentlichen Unterbrechungen, bis 1891 fortgeführt. Meistens übernahm, während dieser Zeit, Herr Thomas die finanzielle, sowie die musikalische Verantwortung für die Veranstaltung. Mit 40 anfangend erhöhte er bald die Zahl der Spieler auf 60. Ein solches Unternehmen zu erhalten, ohne zu einer Gattung von Musik herabzusteigen, die mit der wahren Kunst unvereinbar ist, in einem Lande, wo Orchester-Konzerte fast unbekannt waren, war etwas Großartiges und erforderte die eifrigsten Anstrengungen. Es wurden bald Konzertreisen durch das ganze Land unternommen und auf diesen beruhte die Bedeutung des Unternehmens, selbst mehr als auf New-York. Stets einen wunderbaren Grad von Fertigkeit und musikalischer Ausdrucksfülle beibehaltend, erschien das »Thomas-Orchester« vielen Leuten während dieser Jahre wie die erste wundervolle Offenbarung der Macht der Instrumental-Musik. Der Verfasser wird niemals den ersten Blick in eine neue Welt vergessen, die sich ihm beim ersten Hören eines Thomas-Symphonie-Konzerts erschloß. Der Reichthum und die Tiefe des Tones der zwölf ersten Violinen, die wunderbare Bestimmtheit, die Einheit der Wirkung, welche der ganzen lebenden, immer wechselnden Fülle der Töne den Anschein gaben, als ginge sie von dieser einen, ruhigen, würdevollen Person aus — dies und noch viel mehr brachten die Konzertreisen von Theodor Thomas zuerst Tausenden zur Kenntniß und zum Genusse. Mit einem seltenen und sicheren Scharfblick stellte er das Programm zusammen, fast ebenso meisterhaft, wie er die Konzerte dirigirte. Ohne jemals die älteren Meister der Symphonie Haydn, Mozart, Schubert, Beethoven zu vernachlässigen, war er fortwährend bemüht, dem ununterrichteten Publikum so viel von modernen Komponisten vorzuführen, als es aufnehmen wollte und verstehen konnte. So haben Brahms, Dvořak, St. Saëns, Tschaikowsky ihren guten Ruf in Amerika mehr der maßvollen, wohl überlegten, aber beharrlichen Bemühung des Herrn Thomas zu verdanken, als irgend einer anderen Ursache. Aber durch seine standhafte, doch keineswegs fanatische Verehrung der Wagner'schen Musik wirkte er am meisten auf den Geschmack musikliebender Personen ein. Das Höchste in dieser Richtung erreichte er in einer Serie von Wagner-Konzerten, welche er 1881 gab, wobei ihm die Materna, Winkelmann und Scaria behülflich waren. Es ist jedoch vielleicht ein Glück, daß, als Wagner's Opern zuerst auf der Bühne in Amerika aufgeführt werden sollten, Umstände eintraten, die es veranlaßten, daß die Vorbereitungen und musikalische Leitung derselben nicht in seine, sondern in andere Hände gelegt wurden. Denn obwohl jeder aufrichtige Beobachter zugeben muß, daß Theodor Thomas durch seine wunderbaren Talente und durch seine entschiedene Ausdauer trotz höchst entmuthigender Verhältnisse, viel mehr für die Musik in den Vereinigten Staaten vollbracht hat, als irgend ein anderer Mann, kann nicht geleugnet werden, daß er, durch eine gewisse

Strenge in seinem Wesen, bei anderen Musikern weniger persönlich beliebt geworden ist, und daß die wenigen Male, wo er in den letzten Jahren Operngesellschaften geleitet hat, zeigen, daß seine Strenge und Unnachgiebigkeit ihn weniger für eine solche Thätigkeit, als für den Konzertsaal geeignet machen.

Leopold Damrosch, 1832 in Posen geboren, wurde 1851 Doktor der Medizin in Berlin, ein Schüler von Ries und Dehn, im Violinspielen und der Komposition, Konzertmeister unter Liszt in Weimar 1857, 1861 Direktor in Breslau. Im Jahre 1871 wurde er als Direktor der »Arion Society« nach New-York berufen und wurde in dieser Stellung bald der einzige furchtbare Nebenbuhler für Theodor Thomas. Seine Verehrung für Wagner war sogar noch ausgesprochener, sein Erfolg in der Leitung der Sänger, sowie seine Kenntnisse in der Oper und seine Erfahrung waren noch größer. Er wurde Dirigent der 1873 gegründeten »Oratorio Society« und der »Symphony Society«, welche sich 1878 bildete.

Das »Metropolitan Opera House«, eines der größten in der Welt, wurde im Herbst 1883 mit einer italienischen Opernsaison eröffnet, welche sich finanziell als sehr verfehlt erwies. Damrosch nahm die Gelegenheit wahr und es gelang ihm, gegen Ende des folgenden Sommers beauftragt zu werden, in Deutschland eine Truppe von Künstlern zu engagiren, die deutsche Opern geben sollte. Er kehrte mit einer Gesellschaft zurück, zu deren Mitglieder Materna, Krauß, Schott, Brandt, Staudigl und andere gehörten. Der Erfolg der Bewegung trat augenblicklich ein und dauerte an, aber zu Ende der ersten Saison zahlte Dr. Damrosch mit seinem Leben die furchtbaren Anstrengungen, denen er sich unterzogen hatte. Obgleich der finanzielle Erfolg nicht so groß war, daß ein Defizit gänzlich vermieden wurde, stach er günstig gegen den der vorhergehenden Saison ab und die Aktionäre des Opernhauses stimmten dafür, daß die deutsche Oper eine Zeit lang fortgesetzt werden sollte. Anton Seidl, mit Dr. Damrosch's Sohn zum Beistand, wurde zum Direktor ernannt. Von Jahr zu Jahr wurden andere Sänger genommen, unter ihnen Lilli Lehmann, Emil Fischer, Albert Niemann, Max Alvary, Heinrich Vogl und Reichmann. Alle Opern Wagner's, natürlich »Parsifal«[1] ausgenommen, wurden gegeben, ebenso viele andere deutsche Werke, alte und neue. Dieses Übereinkommen bestand während der Saison 1890/91 und man fing an, es als eine möglicher Weise dauernde Einrichtung anzusehen, als die Aktionäre des Theaters beschlossen, die italienische und französiche Oper wieder ins Leben

---

[1] »Parsifal« ist mehrere Male in Konzerten von der »Brooklyn Philharmonic Society« unter Seidl's Leitung und zweimal in Boston unter Lang gegeben worden

zu rufen. Dies wurde im selben Maßstabe, wenn nicht noch großartiger ausgeführt, wie die deutschen Saisons. Ein Dirigent und Sänger von der großen Oper in Paris und Sänger aus England und Italien wurden engagirt. Trotz der Prophezeiungen der Wagnerianer wurde sie vom Publikum günstig aufgenommen. Aber die zweite Saison kam nicht zu Stande, da die Bühne und das Innere des Metropolitan Opera House« 1892 ausbrannten. Nach einigem Zögern entschlossen sich die Aktionäre, das Gebäude wieder für die Oper herstellen zu lassen. In ihrer Sitzung am 20. März 1893 entschieden sie sich dafür, Aktien im Betrage von $ 1 000 000 auszugeben, und fertigten für den kommenden Winter einen neuen Kontrakt für eine ähnliche Saison französischer und italienischer Opern aus. In dieser Sitzung wurde wieder zugegeben, daß keine Aussicht vorhanden sei, daß die Oper sich selbst erhalten könne, und daß die nöthigen Zuschüsse wenigstens für das Jahr $ 100 000 betragen würden.

Die sieben Jahre der deutschen Oper im »Metropolitan Opera House« waren der größte Anlauf, den Amerika zur Gründung einer stehenden, großartig angelegten Oper nahm. Es zeigt sich, daß die Oper jetzt sehr gesucht ist, aber es stellt sich auch heraus, daß der jetzige sorglose Kostenaufwand unmöglich dahin führen könne, daß sich Einnahmen und Ausgaben deckten; selbst wenn der große Zuschauerraum des Metropolitan-Opernhauses bis auf den letzten Platz gefüllt ist und 50 d. bis 5 $ für einen Platz gezahlt werden. Diese unvorsichtige Geldausgabe wird wirklich mehr durch das Publikum, als durch die Verwaltung veranlaßt. Der Amerikaner bildet sich ein, daß er nichts zu genießen brauche, das nicht ebenso prächtig oder noch prächtiger ist, als irgend etwas anderes in der Welt. Wenn eine Wagner-Oper gegeben werden soll, darf nichts verhindern, die Aufführung den besten in Deutschland gleich zu machen. Alle Hindernisse werden mit ungeheuren Kosten aus dem Wege geräumt. Man zahlt den Künstlern vier oder fünf Mal so viel, als in ihrer Heimath und alle übrigen Angelegenheiten der Theaterverwaltung werden mit derselben Verschwendung erledigt. Jedes Jahr ergiebt sich ein Deficit. Dieses Deficit hat jahrelang zum Bankerott verschiedener Theaterunternehmer geführt. Im »Metropolitan Opera House« wurde es durch die reichen Aktionäre gedeckt. Trotzdem das Land ihnen für den Bau und die Erhaltung desselben zu großem Danke verpflichtet ist, unterliegt es keinem Zweifel, daß ihr Interesse vielmehr darauf hinausging, New-York mit anderen Hauptstädten der Welt auf gleicher Stufe zu erhalten, als wirklich die Sache der Musik zu fördern. Daraus sieht man, daß die schließliche Unterstützung der obenerwähnten Opernsaison auf keinem festen Grunde steht.

Die Frage, ob es möglich ist, eine stehende Oper zu errichten, wird viel in der Öffentlichkeit erörtert. Die Zeitschriften und Zeitungen enthalten fast jeden Monat wichtige Beiträge zu diesen Verhandlungen. Aus den vielen Bemerkungen, die gemacht, und Plänen, die vorgeschlagen werden und zu zahlreich sind, um hier nur erwähnt werden zu können, treten besonders drei Ansichten deutlich hervor: 1. Daß das Institut, wenn es ins Leben tritt, eine Abtheilung zur Ausbildung im Gesang, Schauspiel und der Musikdirektion erhalten und sich auf diese Weise, sobald als möglich, von der völligen Abhängigkeit von europäischen Künstlern lossagen müsse. 2. Daß die einzige Möglichkeit, eine finanzielle Unterstützung zu erhalten, auf einer großen Stiftung beruhe, ähnlich wie sie amerikanischen Colleges und Universitäten gemacht werden, denn Staatshilfe ist unmöglich; und wenn das Subskriptions-System auch manchmal reiche Ergebnisse liefert, kann es nicht auf die Dauer bestehen.[1] 3. Amerikanische Komponisten sollen begünstigt werden.

Es ist sehr wahrscheinlich, daß die gegenwärtige Erörterung der Frage über kurz oder lang, zu einem bestimmten Resultat führen wird. Ein Versuch, der schon gemacht worden ist, die Gründung der National Opera Company 1885, zeigt jedoch, daß sich, trotz großer Mittel, Schwierigkeiten bieten, die der amerikanischen Art und Weise, alles mit Überstürzung und viel Geschrei anzufangen, entspringen.

Die obigen Bemerkungen beschränken sich auf die Oper in New-York City, weil dies der Mittelpunkt ist, von welchem alle solche Einflüsse ausstrahlen. Fast alle Gesellschaften, welche in New-York aufgetreten sind, einschließlich der deutschen und italienischen Metropolitan-Gesellschaften, haben kürzere oder längere Zeit Vorstellungen in Boston und Chicago gegeben. Die einzige Stadt in den Vereinigten Staaten, die unabhängig von New-Yorker Einflüssen etwas für die Oper gethan hat, ist die alt-französische und spanisch-kreolische Stadt New-Orleans, Louisiana. Seit Ende des vorigen Jahrhunderts, bis zum Bürgerkrieg 1860 wurden fast jedes Jahr französische Opern von einer Truppe aus Paris aufgeführt. Nach dem Kriege suchte man diese Opern wieder aufzunehmen, doch wurden sie nicht so regelmäßig gegeben und mit der Pracht ausgestattet, wie in alten Zeiten. Ihr musikalischer Einfluß war auch nicht derartig, daß er vom ganzen Lande hätte gefühlt werden können, und mit dem Untergang der Civilisation der Kreolen und

---

[1] Prof. Paine in Harvard hat in einem Artikel in der »Forum«-Zeitschrift den Ausdruck gebraucht »Art has never thrived on the fickle ministrations of fashion«.

durch die Verbreitung des echten Amerikanerthums schwindet auch der geringste musikalische Einfluß, welchen die französische Oper in der Stadt selbst ausgeübt hatte.

Seitdem Theodor Thomas 1891 nach Chicago gegangen war, hat New-York ein fest angestelltes, dotirtes Orchester erstehen sehen, für welches ein eigenes Konzerthaus erbaut worden ist. Mr. Andrew Carnegie, ein Eisenwaaren-Fabrikant und vielfacher Millionär, baute dieses Konzerthaus und stiftete die Mittel zur Unterhaltung des Unternehmens, das dem Zwecke dienen sollte, den Bewohnern New-Yorks Gelegenheit zu geben, zu mäßigen Preisen die beste Orchestermusik auf ausgezeichnete Weise vortragen zu hören. Ein Orchester wurde unter die dauernde Leitung von Walter Damrosch, dem ältesten Sohne von Dr. L. Damrosch, gestellt. Adolph Brodsky ist Konzertmeister dieses Orchesters. Die erste Serie von Symphonie-Konzerten begann im Winter 1891. Diese haben einen außerordentlichen Erfolg gehabt und versprechen in jeder Weise, die schönsten Hoffnungen des Stifters des Instituts zu erfüllen.

Jede Notiz über Orchestermusik in New-York, sie sei noch so kurz, würde unzulänglich sein, wenn sie die New-York Philharmonic Society unerwähnt ließe. Diese Gesellschaft, welche 1892 das 50jährige Jubiläum ihrer Gründung feierte, wurde durch die Bemühungen von U. C. Hill, einem amerikanischen Violinspieler und Anderen ins Leben gerufen. Ihre aktiven Mitglieder waren Orchesterspieler und in den letzteren Jahren nur berufsmäßige Musiker. Jedes Jahr werden mehrere Konzerte gegeben und die Überschüsse werden unter die Mitglieder vertheilt. Die Wirksamkeit in der Gesellschaft ist größtentheils ein Liebesdienst gewesen: denn die Dividende, welche die Mitglieder erhielten, war oft sehr niedrig. Den Mitgliedern gebührt sogar mehr Anerkennung als den treuesten Mitgliedern einer »choral society«; denn diese Spieler haben ihre Zeit und die Wirksamkeit, für welche sie in ihrem Beruf gewöhnlich sehr gut bezahlt werden, geopfert, während der Chorsänger gewöhnlich die Zeit für seine Bestrebungen verwendet, die er sonst der Erholung und dem Vergnügen widmen würde. Die Mitglieder derselben sind jetzt meistens Deutsch-Amerikaner. Karl Bergmann war viele Jahre lang ihr Leiter, in letzterer Zeit Dr. Damrosch und Thomas. Jetzt nimmt Anton Seidl diese Stellung ein. Dr. Damrosch's Abgang, 1877, hatte den Austritt einiger Mitglieder und die Gründung der »Symphony Society« zur Folge. Während einiger Jahre bildeten darauf einige Mitglieder der Philharmonic Society das Orchester von Theodor Thomas, und Dr. Damrosch wählte das seinige aus der Symphony Society.

Trotzdem, daß der größte Theil des musikalischen Lebens dieses

Jahrhunderts seinen Mittelpunkt in New-York gefunden hat, hat Boston in zwei Hinsichten den Vortritt. Es hat die älteste und einflußreichste Choral-Society, nämlich die Händel and Haydn Society, von welcher schon gesagt worden ist, daß sie aus der »singing school« und der Bewegung zu Gunsten des Church Choir hervorging. Es war auch die erste Stadt in den Vereinigten Staaten, welche ein Konzert-Orchester ersten Ranges besaß. Das Bostoner Symphonie-Orchester datirt um mehrere Jahre weiter zurück, als das mit der Carnegie Music Hall verbundene New-Yorker Orchester, da es 1879 als eine Neugestaltung eines Orchesters gegründet wurde, das viele Jahre in Boston existirt hat. Seine dauernde Existenz ist, wie die des New-Yorker Orchesters, hauptsächlich durch die Bestrebungen eines reichen Wohlthäters gesichert worden. Dieser Mann, Mr. H. L. Higginson, hat die Finanzen des Unternehmens persönlich verwaltet und es kann sich jetzt selbst erhalten. Die eigenen Worte des Mr. Higginson, in welchen er seine Absichten darlegt, lauten: »An orchester which should play the best music in the best way and give concerts to all who could pay a small price.« Diese Absichten haben sich verwirklicht. Die Dirigenten waren George Henschel Wilhelm Gericke aus Wien, Arthur Nikisch aus Leipzig und man bemüht sich jetzt Dr. Hans Richter für das kommende Jahr, als Leiter zu gewinnen. Der Konzertmeister ist Franz Kreisel und der erste Cellist Alwin Schröder. Jeden Winter werden in Boston selbst vierundzwanzig regelmäßige Konzerte, außer den Proben und Extrakonzerten gegeben. Ein Konzert wird fast jede Woche im Winter in einer benachbarten Stadt aufgeführt und im Frühjahr werden gewöhnlich Konzertreisen nach entfernteren Orten unternommen. Das Unternehmen ist besonders dadurch glücklich gewesen, daß es sich Kräfte ersten Ranges gesichert hat, deren Dienste ihm ausschließlich zur Verfügung stehen. So ist ein hoher Grad von Leistungsfähigkeit behauptet worden.

Die obigen Bemerkungen in Bezug auf Konzert und Oper in den Vereinigten Staaten erstrecken sich natürlich nicht über das ganze Gebiet. Es sind nur einige Thatsachen ausgewählt worden, welche ein getreues Bild geben. Sie zeigen am deutlichsten den Verlauf der musikalischen Begebenheiten in dieser Hinsicht. Eine Menge anderer Thatsachen, besonders in Bezug auf die Aufführungen innerhalb der letzten fünfzig Jahre, finden sich in Zeitschriften der betreffenden Zeiten und müssen natürlich zu Rathe gezogen werden, wenn eine vollständige Geschichte der Musik dieses Zeitraums geschrieben werden soll. Sie können jedoch kein neues Licht auf die besonderen Zwecke dieser Untersuchungen werfen. Die Erfahrungen vieler Operngesellschaften sind in Wirklichkeit dieselben gewesen, als die einer einzelnen, und zeigen endgiltig, daß jedes Opernsystem, welches ausschließlich von fremden Künstlern und fremder Musik abhängt, nicht nur keinen dauernden Werth für das musikalische Leben des Landes hat, sondern am Ende auch finanziell seinen Zweck verfehlt. Die vielen kleinen Konzertunternehmer, welche mit ihren Orchestern aus Europa kamen und in verschiedenen Städten ein kurzes Dasein fristeten, dienten dem musikalischen Leben durch ihre Aufführungen, nochmehr aber dadurch, daß die Gesellschaften sich auflösten: denn von den einzelnen Mitgliedern ging dann in den vielen Städten, wo sie sich niederließen, der musikalische Einfluß aus.

Die Konzerte von Thomas, Damrosch, von Listmann und anderen, sowie die große New-Yorker Philharmonic Society ebneten den Weg zur Gründung dauernder, fest dotirter Konzert-Orchester. Boston und New-York haben schon solche Einrichtungen. Chicago ist in die Bewegung eingetreten. Obgleich die beständige Fortdauer des Chicagoer Orchesters noch nicht ausgesprochen ist, so ist es doch wirklich sicher gestellt. Es ist gerechtfertigt, zu erwarten, daß in einigen Jahren, die großen halbdeutschen Städte Cincinnati und Milwaukee, die in musikalischen Angelegenheiten so thätig sind, folgen werden, und daß in kurzem das **stehende Orchester** ebenso bestimmt eine nationale Einrichtung in Amerika sein wird, wie das Hoftheater-Orchester es in Deutschland ist.

V.

Gelegenheiten zu musikalischer Bildung.

Die »singing school« und »church choir« sind schon als die ersten musikalischen Bildungsstätten in Amerika erwähnt worden. Die nächst bedeutende Macht für die Verbreitung einer gewissen musikalischen Kenntniß, ist unzweifelhaft aus der Fabrikation von Klavieren und billigen Melodeons hervorgegangen, die in Unmassen in Amerika hergestellt wurden. Die Geschicklichkeit amerikanischer Pianoforte-Fabrikanten ist wohl bekannt. Auf den ersten gegossenen Eisenrahmen, der jemals für ein Pianoforte benutzt worden ist, wurde 1825 von Alphons Babcock in Boston ein Patent genommen. Ein Deutscher, Conrad Meyer, der 1832 in Philadelphia lebte, erhob Anspruch auf seine unabhängige Erfindung desselben Gegenstandes. Jonas Chickering in Boston ließ sich 1840 Verbesserungen der Babcock'schen Erfindung patentiren. Von jener Zeit an sind, bis heute viele Patente von amerikanischen Pianoforte-Fabrikanten genommen worden. Zu den bedeutendsten gehören, das von Steinways in New-York auf das »agraffe« überbrückte, kreuzsaitige Pianoforte, und das auf ihre Wiederbelebung und Verbesserung der »tenuto«-Pedaleinrichtung, oder des »Pedale de prolongement« von M. Montal.[1] Auch das von Ivers und Pond auf »soft stop«, eine Vorrichtung, dünne Filzstücke zwischen die Hämmer und Saiten einzuschieben und so den Ton des Klaviers zu schwächen.[2] Dies hat ganz und gar nicht die Wirkung eines Dämpfers; denn alle Abstufungen der Töne, vom lauten zum leisen, das Legato und die Betonung bleiben vollständig erhalten. Ihr Nutzen zeigt sich bei stundenlangem Üben; denn es verhindert die Ermüdung des Spielers und die Abnutzung des Instruments.

Aber nicht durch ihre ausgezeichnete Beschaffenheit, sondern durch ihre große Anzahl sind die Pianoforte von so großer Bedeutung in Amerika geworden. Sie sind in den Häusern aller Gesellschaftsklassen zu finden, außer bei den Allerärmsten. Mode vielmehr, als Geschmack an der Musik ist in zu vielen Fällen der Grund für den Ankauf der Instrumente. Sie haben eine außerordentlich große Menge leichter Musik unter Tausende gebracht. Die Fabrikation der tafelförmigen Instrumente ist sehr eingeschränkt worden, seit das aufrechtstehende Klavier beliebt wurde. Obgleich die Steinways in New-York schon 1866 das aufrechtstehende Klavier vervollkommnet hatten, blieb das tafelförmige ungefähr zehn Jahre länger bevorzugt. Aber seit der Centenualausstellung in Philadelphia 1876 ist das aufrechtstehende Klavier schnell beliebt geworden und hat gegenwärtig das, früher allgemein benutzte, tafelförmige fast verdrängt. Aber es ist auffallend, daß das amerikanische aufrechtstehende Klavier, das ursprünglich von Steinways hervorging, weit mehr von Anderen fabrizirt wurde. Die Steinway-»Flügel« bleiben jedoch unübertroffen. Der Vorsteher der Tastenfabrik in Ivoryton, Connecticut, wo alle Tasten für das ganze Land gemacht werden, sagte dem Verfasser 1888, daß weniger als ein Prozent aller Klaviere, Flügel ausgenommen, die damals von allen Fabrikanten in den Vereinigten Staaten hergestellt wurden, die alte tafelförmige Form hatten. Durch die Annahme der aufrechtstehenden Form, die so wenig Raum verlangt, wurde es möglich gemacht in einer größeren Anzahl von Häusern, Instrumente aufzustellen, und der Verkauf steigerte sich außerordentlich.

---

[1] Siehe: Geschichte des Klaviers von Dr. Oscar Paul, Seite 173.
[2] Siehe: Aufsatz über Pianoforte von A. J. Hipkins in Grove's Dictionary Vol. II Seite 720.

Es ist eine große Frage, ob die Gelegenheit, sich ein wenig unterhaltende Musik anzueignen, welche den Leuten im allgemeinen durch das Klavier geboten ist, sich schließlich dem nationalen musikalischen Geist dienlich erweisen wird, oder nicht. Trotzdem das Klavier gegenwärtig das wichtigste Soloinstrument in der Welt ist, und am nützlichsten für das praktische Studium der Musik, so hat seine allgemeine Benutzung von Leuten mit wenig musikalischem Verständniß seine Schattenseiten. Abgesehen von den Übeln, die seltenes und schlechtes Stimmen des Klaviers mit sich bringen, ist das best temperirte Stimmungssystem dem richtigen und lebhaften musikalischen Denken nicht so dienlich, als es die Violine und die Ausbildung der Stimme in früheren Jahrhunderten in den europäischen Ländern waren. Es ist dies eine Frage, die die ganze musikalische Welt angeht, in dieser Zeit, wo die Tasteninstrumente den Vorrang haben, die sich aber mit besonderem Nachdruck an die Vereinigten Staaten wendet, wo die Klaviere und kleinen Orgeln alles aus dem Wege geräumt haben. Es ist keine lebhafte musikalische Vertiefung nöthig, wenn man ein wenig auf einem Instrumente, wie das Klavier, spielt, wo Höhe und Tiefe der verschiedenen Noten nicht fortwährend von der Ausübung des Willens abhängig ist. Selbstverständlich ist eine lebhafte musikalische Vertiefung zu einem vollendeten Klavierspiel nöthig; aber jedenfalls bietet das Klavier dem sorglosen oder ungebildeten Dilettanten die Gelegenheit, ohne sie fertig zu werden. Wenn man aber Musik komponieren will, so ist ein genaues Hören und richtiges Denken unumgänglich nothwendig. Von Bülow spricht sich in seinem Empfehlungsschreiben für Tanaka's rein gestimmte Orgel sehr scharf über die Thorheit und den Irrthum des Komponisten aus, der sich seine Begriffe von Akkorden, nur nach dem Hören derselben, auf dem temperirten Klavier gebildet hat.

Die Frage betreffs der schließlichen Wirkung der jetzt so viel benutzten Tasteninstrumente auf die musikalische Komposition, kann noch jahrelang nicht entschieden werden. Wagner und Berlioz, Komponisten, die man gewöhnlich auf eine Stufe stellt, nehmen nach M. St. Saens[1] eine ganz verschiedene Stellung hinsichtlich eines Punktes in der Angelegenheit ein. Berlioz verwarf alle jene unharmonischen Übergänge, welche das temperirte System bietet, und Wagner benutzte sie mit beispielloser Freiheit. Diese Frage mit allen ihren Einzelheiten schließt einen großen Theil der Ungewißheit über den unabhängigen Fortschritt der Musik der Vereinigten Staaten ein. Denn den Bewohnern der Vereinigten Staaten, die frei von

---

[1] In einem Artikel über Franz Liszt, in der Zeitschrift «Century» für den Monat Februar 1893.

überlieferten Mitteln für musikalische Bildung sind, wird jetzt der größere Theil ihrer musikalischen Erfahrung durch Tasteninstrumente weit mehr als irgend einem anderen Volke vermittelt. Anderes musikalisches Wissen, als das, welches durch die obigen Mittel Verbreitung gefunden hat, ist durch die Thätigkeit von Privatlehrern verbreitet worden. Diese haben in allen Zweigen der Musik unterrichtet. Ihre Leistungen waren jedoch ganz verschiedener Art und von verschiedenem Erfolg. Sie gehörten allen Nationen an, welche in die Vereinigten Staaten eingewandert sind. Charlatanen eröffnete sich ein ergiebiges Feld; denn es gab und giebt noch viele Städte in den Vereinigten Staaten, wo musikalischer Unterricht verlangt und gut bezahlt wurde. Und doch gab es kein Maaß, nach dem die Geschicklichkeit eines Lehrers hätte beurtheilt werden können, um das Publikum vor Betrügern zu schützen. Diese Angelegenheit regelt sich natürlich von selbst, mit der Zunahme allgemeinen musikalischen Verständnisses, und besonders seit Konservatorien, die einen guten Ruf genießen, angefangen haben, einen gewissen Grad von Befähigung festzusetzen, der zum Unterrichten vorhanden sein muß.

Der einzige Zug im musikalischen Leben, der zu großen Hoffnungen berechtigt, ist jedoch der Fortschritt, der im Musikunterricht der Kinder in den öffentlichen Schulen gemacht worden ist. Hiervon können mit Recht die besten Erfolge erwartet werden. An jenen Orten, wo er auf höchster Stufe steht, bildet er den Grundzug der amerikanischen musikalischen Bildung, welche das wahre Hören und Denken fördert und zu gleicher Zeit in die große Menge eindringt.

Die musikalische Theorie der »singing school« der alten Zeiten war fehlerhaft. Vor 1826 wurde, um die Elemente der Musik zu lehren, kein Buch benutzt, welches nur den Stoff richtig behandelte, ganz abgesehen von dem gänzlichen Mangel einer pädagogischen Methode in der Behandlung des Stoffes. Zu jener Zeit reiste Mr. W. C. Woodbridge aus Gesundheitsrücksichten in Europa. Er war Lehrer, hatte einige Textbücher verfaßt und wurde vom Staate Massachusetts beauftragt, so viel als möglich von den verschiedenen Unterrichtsmethoden Kenntniß zu nehmen. Das Resultat war seine enthusiastische Bewunderung des Musikunterrichts für Kinder in den Schulen der Schweiz. Nägeli hatte das schöne System aufgestellt, welches nach Prof. Kretzschmar den Musikunterricht in den öffentlichen Schulen jenes Landes, vom Tage seiner Anwendung an bis auf den heutigen, dem in irgend einem Lande Europas gleichgestellt, wenn nicht ihn übertroffen hat. Es ist ein interessantes Zusammentreffen, daß die republikanischen Vereinigten Staaten aus der republikanischen

Schweiz, einem Lande, das sonst nicht wegen seiner Musik berühmt ist, ihre zwei einflußreichsten musikalischen Einrichtungen erhalten haben, psalmody und pädagogische Methode. Mr. Woodbridge brachte die große »Gesangsbildungs-Lehre« mit nach Hause, welche von Pfeiffer und Nägeli, nach den Pestalozzischen pädagogischen Anschauungen ausgearbeitet und 1810 in Zürich veröffentlicht worden war. Dieses Buch war eine Quelle des Reichthums für den kleinen Kreis von Musikenthusiasten, welche mit Dr. Lowell Mason an der Spitze eifrig darnach strebten, alles mögliche für die Kirchen- und Chormusik in Boston und im ganzen Lande zu thun; das Werk wurde übersetzt und ist, obgleich es zu umfangreich für den allgemeinen Gebrauch war, die Basis für alle Handbücher des »singing school-Unterrichts« geworden. Ebenso ist es maßgebend für die Methoden, welche seit kürzerer Zeit für die Arbeit in den Volksschulen aufgestellt wurden.

Lowell Mason's Werk war vielseitig. Unter anderen Bestrebungen war eine der wichtigsten von ihm ausgeführten die Einführung der Musik in die Volksschulen Bostons als ein vorgeschriebenes Fach. Dies konnte er nur dadurch erreichen, daß er einige Zeit umsonst arbeitete, bis er den Zweifelhaften den erziehlichen Werth der Musik bewiesen hatte. Einem jüngeren Manne derselben Familie, Luther Whiting Mason, blieb es vorbehalten, den Grundsatz für amerikanische Volksschulen festzusetzen, daß, wenn überhaupt Musik in den Schulen gelehrt werden solle, schon das kleine Kind, vom ersten Schultag an, darin unterrichtet werden müsse.

Luther Whiting Mason hat sein Leben der Einführung und Durchführung dieses Prinzips gewidmet. Die ersten systematischen Versuche machte er 1854 in Louisville, später arbeitete er in Cincinnati und 1864 wurde er nach Boston berufen, um den Musikunterricht, der dort schon in den öffentlichen Schulen eingeführt war, zu leiten und zu beaufsichtigen. Nachdem er lange hier thätig gewesen war, erhielt er einen Ruf nach Japan. Von der Regierung angestellt, verbrachte er hier drei Jahre und führte den musikalischen Unterricht in den japanischen Schulen ein. Seitdem ist er zwei Jahre in Deutschland gewesen, wo er sich hauptsächlich in Berlin und Leipzig aufgehalten hat, um seine Karten und Bücher in deutscher Sprache herauszugeben. Obgleich seine Lehrmethoden auf dem Nägeli-Pestalozzi-System beruhen, unterscheiden sie sich von letzterem durch die Anwendung des »movable do«, d. h. durch Transponiren der Silben. Besonders beschäftigt er sich mit den ersten vier Schuljahren des Kindes; seine Bücher sorgen aber auch noch für weiteren Lehrstoff. Seine wichtigsten Grundsätze sind:

»Gieb den Kindern Anleitung, der Melodie eines einfachen Liedes frei zu folgen, aber singe niemals mit ihnen und bringe ihnen später nach und nach die Notenzeichen bei. Lehre nur eine Sache zu einer Zeit und erhalte Unabhängigkeit im musikalischen Denken.« Ein wichtiger Theil des Werkes umfaßt die Ausbildung der Lehrer. Sein Plan ist, daß der erste Unterricht von dem Lehrer ertheilt wird, an den das kleine Kind am meisten gewöhnt ist. Er soll dem Kinde täglich Musikunterricht geben, nicht ein besonderer Musiklehrer. Dies schließt die Voraussetzung in sich, daß fast alle erwachsenen Personen mit ein wenig Anstrengung, nach den sorgfältig ausgearbeiteten Karten und Lehrbüchern, die ihnen geliefert werden, Kinder richtig und befriedigend in der Musik unterrichten können. Diese Voraussetzung ist durch die Erfolge bestätigt worden, die man in den Schulen gehabt hat, in denen die Arbeit genügend systematisch betrieben wurde. Die fernere Voraussetzung, daß wirklich allen Kindern Singen gelehrt werden kann, wenn der Unterricht früh genug angefangen wird, ist auch hinreichend gerechtfertigt worden. Prüfungen, die in mehreren auf einander folgenden Jahren von den Unterrichtsbehörden des Staates Massachusetts abgehalten wurden, haben ergeben, daß 97% aller Kinder, die diesen Musikunterricht genossen, reichlich dadurch gewonnen haben. Mason's Bücher und Methoden, die im ganzen Lande sehr verbreitet sind, sind übrigens keineswegs die einzigen, welche benutzt werden. Es sind noch mehrere andere bewundernswerthe Systeme in Gebrauch, die auf denselben Grundsätzen beruhen. Einer der erfolgreichsten Arbeiter auf diesem Gebiete ist Mr. Frank Damrosch in New-York.

Es ist wahr, daß die große Mehrzahl der öffentlichen Schulen noch ohne systematischen Unterricht, besonders für kleine Kinder ist; aber die großen Erfolge eines solchen Unterrichts da, wo er versucht worden ist, und die sorgsame Aufmerksamkeit, welche die Staats-Schulbehörden der Sache jetzt zuwenden, versprechen eine schnelle Ausdehnung desselben in allernächster Zeit.

Vom Musikunterricht in höheren akademischen Instituten ist wenig zu sagen. Fast keine der vielen Colleges und Universitäten unterhalten eine volle Professur für Musik. Die Harvard University in Cambridge, Massachusetts, welche das älteste College des Landes enthält, bildet eine bemerkenswerthe Ausnahme. Sie besitzt seit 1876 einen Lehrstuhl für Musik, der von dem Komponisten J. K. Paine eingenommen wird, der Vorlesungen und Kurse über Theorie und Geschichte der Musik abhält. — Die Yale University in New-Haven, Connecticut hat dem Namen nach schon jahrelang eine Professur für Musik; aber sie hat erst seit Kurzem die Mittel, Vorlesungen halten lassen zu können. Die Universität von Pensylvanien und die Universität von Michigan haben auch kürzlich Kurse für Geschichte und Theorie der Musik ausgeschrieben. Mit mehreren Colleges sind Konservatorien oder Musikschulen verbunden, d. h. sie stehen unter ihrem Schutze; aber dadurch wird die Musik nicht als ein Fach der Wissenschaften anerkannt, das mit anderen Fächern auf gleicher Stufe steht, wie es in Harvard der Fall ist.

Eine bemerkenswerthe Ausnahme unter den »Theological Seminaries« macht das »Hosmer Hall Seminary« in Hartford, wo denen, die sich für den geistlichen Beruf vorbereiten, Musikunterricht ertheilt wird, der ihren besonderen Bedürfnissen angepaßt ist. Der Lehrstuhl für Musik wird von Waldo S. Pratt eingenommen. Es ist zu verwundern, daß theologische Seminare so lange ohne Musik gewesen sind, wenn man bedenkt, wie nöthig es ist und wie viele Gelegenheiten sich für den Geistlichen bieten, die Kirchenmusik zu beeinflussen. Aber dieser Zustand ist in England nicht viel besser. J. C. Curwen zog bei 80 Seminaren aller Sekten, katholischer und protestantischer Glaubensverfassungen, Erkundigungen ein; und von 54, welche antworteten, erkannten nur 13 die Musik formell als einen Theil ihrer Kurse an.[1] Diesem Gegenstande hat man jedoch häufig in Amerika Aufmerksamkeit geschenkt, und im Hinblick auf die Einführung des Musikunterrichts im Yale Theological Seminary zu New-Haven haben die Erben des Dr. Lowell Mason dem Institut dessen werthvolle Bibliothek zukommen lassen. Diese Bibliothek enthält die merkwürdige Sammlung des Prof. Dr. Rinck, Darmstadt, welche Dr. Mason 1852 ankaufte. Aber bis jetzt hat ihre Anwesenheit in Amerika noch nichts genützt, obgleich sie eine der besten Bibliotheken zum Nachschlagen ist. Kein anderes Institut des Landes kann sich eines derartigen Besitzes erfreuen. Der Verfasser kann aus eigener vierjähriger Erfahrung in Yale bezeugen, daß, obgleich diese Bibliothek Jedem zugänglich ist, der sich für das Studium der Kirchenmusik interessirt und sich ernstlich bemüht, die Bücher einzusehen, die folgende Darstellung von Prof. Ritter nicht übertrieben ist:[2]

»Nach seinem Tode schenkten seine Erben die Bibliothek der theologischen Abtheilung Yales, wo sie jetzt, auf schönen Bücherborten handlich geordnet, in einem schönen Raume untergebracht ist; aber sie wird von Niemand benutzt und höchst sorgfältig von den jungen Leuten gemieden, welche auf diese Weise die großen Vortheile wunderbar übersehen, welche diese großartige Sammlung ihnen gewähren könnte, um ihre große Unwissenheit in der Musik und ihrer Beziehung zum Gottesdienst abzulegen und ihnen die

---

[1] Studies in Worship. Music 2nd Series. p. 96.
[2] Ritter, Music in America. p. 176.

Augen in Bezug auf den sentimentalen Unsinn zu öffnen, der so oft über Kirchenmusik von den Kanzeln protestantischer Kirchen gepredigt wird. Aber um den richtigen Gebrauch von dieser Bibliothek machen zu können, brauchen die jungen Theologen, die sie möglicher Weise zu Rathe ziehen würden, einen erfahrenen Berather.«

VI.

Schlufs.

Die Frage, welche Befähigung der englische Stamm für die Musik besitzt, im Vergleich zu anderen germanischen und lateinischen Völkerstämmen, ist hier nicht berührt worden. Sie ist zu ausgedehnt, als daß sie in den beschränkten Grenzen dieser Schrift behandelt werden könnte. Dem Verfasser ist niemals eine gänzlich befriedigende Behandlung des Gegenstandes zu Gesicht gekommen. Offenbar ist die Ansicht der meisten überseeischen Schriftsteller, daß der englische Stamm zu wenig Einbildungskraft besitzt, um in der Kunst Erfolg zu haben, unhaltbar. England hat im gegenwärtigen Jahrhundert mehr phantasiereiche Poesien von hohem Werthe hervorgebracht, als andere europäische Nationen, ganz abgesehen von früheren Zeiten; und es hat nicht am Verlangen nach Musik und dem Genusse derselben gemangelt. Jedoch das »heilige Feuer«, das sich in den Werken der größten Meister der Tonkunst offenbart, hat sich niemals in England gezeigt. Die einzige Ausnahme, welche man gelten lassen könnte, macht Henry Purcell. Die Stellung der englischen Vertheidiger zu dieser unerquicklichen Frage ist indessen ebenso unbefriedigend; denn sie übertreiben gewöhnlich die Bedeutung der Arbeit, die englische Musiker vollbracht haben, und entschuldigen das Nichtvorhandensein von Werken ersten Ranges auf Grund ungünstiger historischer Bedingungen. Sie wollen auch die Größe Händel's und anderer deutscher und italienischer Musiker dieses Jahrhunderts als ihr Werk anerkannt wissen, weil England sie würdigte und zu neuer Arbeit anregte. Die Thatsache bleibt aber bestehen, daß die Engländer wohl große Hörer und Förderer der Musik sind, aber sich nicht, in vollster Bedeutung des Wortes, als Schöpfer bewährt haben.

Die Vereinigten Staaten haben ihren hervortretendsten Volkscharakterzug aus England erhalten. Eine dieser angelsächsischen Eigenthümlichkeiten ist die Kraft, große Mengen der geistigen Habe anderer Nationen in sich aufzunehmen, ohne die eigene Individualität zu verlieren. Dies hat sich wieder in den letzten 50 Jahren deutlich gezeigt durch die Schnelligkeit, mit welcher die Völkerzüge von Einwanderern ihren Typus verloren haben und »amerikanisirt« worden sind. Trotzdem ist der amerikanische Typus noch verschieden vom englischen. Er ist elastischer und hat die nationale Ernsthaftigkeit verloren, welche die Puritaner ihm gaben. Ob er den Engländern, in seiner musikalischen Entwickelung folgen wird, das ist jetzt noch nicht abzusehen. Die große Menge von Einwanderern anderer Nationalität, besonders deutscher, die ihn jetzt beeinflussen, versprechen anscheinend Besseres. Es ist sehr entmuthigend, daß die Geschichte der Musik Englands auf die Aussichten der Entwickelung der Musik in Amerika einwirkt.

Die nachstehenden Folgerungen bilden das Resultat dieser Studien:

1. Die Puritanerkolonien, für die es Gewissenssache war, die Musik nahezu gänzlich auszuschließen, waren ein höchst unfruchtbares Feld für die Entwickelung der Musik einer Nation; jedoch die Überzeugung, daß das Singen von Gott befohlen sei als ein Theil der Verehrung Gottes, erhielt die psalmody mit ihrer spärlichen Musik als eine Einsetzung, an welcher alle theil hatten, und machte sie zum wichtigen Ausgangspunkt für die Entwickelung volksthümlicher Musik.

2. Als sich das strenge Vorurtheil gegen Musik verminderte, wurde ihrer Verbesserung Aufmerksamkeit zugewendet. Das Singen »by rote« wurde abgeschafft und die »singing school« errichtet. Eine Schule von Komponisten entstand. Während ihre Schöpfungen, vom musikalischen Standpunkt aus beurtheilt, gänzlich unbedeutend waren, gelangten sie zu großem Einfluß durch die Bekanntmachung und Förderung einer allgemeinen Kenntniß der Elemente des mehrstimmigen Gesangs.

3. Der church choir, der unmittelbar aus der singing school hervorging, besteht noch als eine nationale Einrichtung und als ein höchst wichtiges Mittel, einen musikalischen Einfluß auf seine Mitglieder und Zuhörer auszuüben. Seine Methoden und sein Repertorium sind durch die weltliche Musik des gegenwärtigen Jahrhunderts abgeändert worden. Es herrschen unklare Ansichten über das wirkliche Amt der Chöre und über die Kirchenmusik selbst, und ihre Geschichte wird gewöhnlich unbeachtet gelassen.

4. Die weltliche Musik ist bis jetzt nur wenig unabhängig emporgewachsen. Es giebt keinen nationalen »Volksgesang«, der den amerikanischen Komponisten neuen Stoff liefern könnte. Seit ungefähr 70 Jahren haben große Städte gelegentlich gute Aufführungen europäischer Opern und seit kürzerer Zeit Orchesterkonzerte ersten

Ranges gehabt. Geldschenkungen, welche so erfolgreich zur Gründung stehender, fest dotirter Konzertorchester beigetragen haben, werden jetzt allgemein für nöthig erachtet, um stehende Opern errichten zn können.

5. Nach der »singing school« und dem »choir« sind das Klavier und Melodeon die wichtigsten Mittel zur Förderung der Kenntniß der Äußerlichkeiten der Musik. Der Privatmusikunterricht wird durch das zunehmende musikalische Verständniß des Volkes und durch Zeugnisse über Befähigung zum Unterricht von Konservatorien geregelt. Der ermuthigendste Zug der musikalischen Volksbildung ist der große Erfolg, der durch den systematischen Musikunterricht für kleine Kinder in den Volksschulen erzielt wurde. Die Bedeutsamkeit dieses Erfolges beruht darin, daß das selbständige, einsichtsvolle musikalische Denken gefördert wird. Professuren für Musik in akademischen Instituten höheren Ranges sind bis jetzt neu.

Im allgemeinen ist es ein Hoffnung erweckendes Zeichen für die Zukunft, daß jetzt so viel Interesse für Musik vorhanden ist, und so viele Leute ihre Zeit und Energie dem emsigen Studium derselben widmen. Wenn die musikalische Komposition an Bedeutung zunimmt — und das Werk solcher Männer, wie Paine, Buck, Chadwick, Parker und Dr. Koven verspricht schon, daß sie sich entwickeln wird — wird sie nicht durch die Überlieferungen irgend eines Landes oder einer Schule gehemmt werden, weil Amerika Anregungen durch viele Länder erhalten hat und noch erhält. Die besten Resultate in der Musik Italiens, Deutschlands, Englands und Frankreichs, aus Skandinavien und den slavischen Ländern sind nach Amerika gebracht worden, und seine Bewohner haben nicht nur Interesse dafür gezeigt, sondern auch eine bemerkenswerthe Kraft, diese Resultate zu genießen und zu würdigen. Ob die Amerikaner eine schöpferische Kraft offenbaren werden, die diesen großen Vortheilen angemessen ist, bleibt noch eine offene Frage. Sie ist mit der wichtigeren Frage verknüpft, ob die verhältnißmäßige Abgeschlossenheit, in welcher die alten Meister arbeiteten, oder das erschlossene Gebiet des musikalischen Lebens die günstigere Bedingung für das Komponieren ist. Es ist sicher, wenn eine tiefe Einsicht in die Werke anderer Zeiten und Länder und eine ausgedehnte Kenntniß derselben ein großer Vortheil ist; so ist Amerika heute günstiger gestellt als irgend ein anderes Land, und es kann ruhig gesagt werden, — die Zukunft der Musik liegt in Amerika. Aber gerade dieses sehr ausgedehnte Gebiet und der Mangel an einer bedeutenden eigenen Geschichte der Musik sind zwei Hauptgründe, warum die amerikanische Musik vorläufig keinen ausgesprochenen nationalen Charakter tragen kann. Gerade dieser Mangel einer ausgesprochenen amerikanischen Schule in der Komposition ist oft, fälschlicher Weise, von oberflächlichen Beobachtern und sogar von den Musikern selbst als eine entmuthigende Thatsache angeführt worden, für welche augenblicklich Abhilfe geschaffen werden müsse. Die folgenden geistreichen Bemerkungen von Charles Dudley Warner in Bezug auf die Litteratur scheinen nach der Meinung des Verfassers auf die Richtung hinzuweisen, in welcher amerikanische Komponisten, sowie amerikanische Schriftsteller arbeiten müssen, und sie scheinen zeigen zu sollen, daß ein bewußtes Streben nach etwas charakteristisch Amerikanischem für den Erfolg gefährlich ist: »Eines der Ziele, nach welchen man immer gestrebt hat, ist eine amerikanische Litteratur. Man hatte den Eindruck, daß es irgend so etwas auf einem Festlande geben müsse, das alles Andere besitzt. — Es scheint eine Idee vorhanden gewesen zu sein, daß eine Litteratur etwas Einheimisches, Fertiges ist, wie irgend ein anderes rein einheimisches Produkt, das keines besonderen Anbaues oder einer Entwickelung bedürfe und daß eine Nation sich ohne eine solche in einem demüthigenden Zustande befinde, selbst ehe sie ihre Städte abgesteckt und irgend welche Straßen gebaut hatte. — Während wir so erwarteten, daß die amerikanische Litteratur aus Lokalverhältnissen hervorgehen sollte, klar und rein, wie ein Goldklumpen, oder, um ein anderes Bild zu gebrauchen, eines Tages aufblühen, wie eine hundertjährige Pflanze mit einem rührenden, süß duftenden Ausdruck amerikanischen Lebens, — siehe, da hatte sich etwas Anderes vorbereitet, war gereift und größer und verheißender geworden als unsere vorzeitigen Erwartungen. In der Geschichte, Biographie, in der Wissenschaft, im Aufsatz, in der Abhandlung, in der Novelle und Erzählung treten hundert Ausdrücke zu Tage über die verschiedensten Vorgänge im amerikanischen Leben. — Und alle diese Schriftsteller, die vielleicht nicht bewußt amerikanisch waren und bewußt darnach strebten, mehr als ihr bestes, auf ihre verschiedene Art, zu leisten, werden durch einen freien Geist der Forschung und des Ausdrucks beseelt, der einer unabhängigen Nation angehört. Und so erhält unsere Litteratur ein eigenes Gepräge, das jedem anderen nationalen Gepräge unähnlich ist. Und dieses Gepräge wird echter sein, klarer und stärker, je mehr wir das Selbstbewußtsein, nothwendig amerikanisch sein zu wollen,[1] fallen lassen «

---

[1] Charles Dudley Warner in »Editors Study« of Harpers Monthly Magazine Dec. 1892.

Literatur.

Bücher, welche zur Vorbereitung der vorhergehenden Studien zu Rathe gezogen wurden:

Campbell, D., »The Puritan in Holland, England and America.« 2 vol. Osgood, Mc. Ilvaine & Co., London, 1892.
Curwen, J. S., »Studies in Worship Music«. 1st & 2nd Series. J. Curwen and Sons, London, 1885 und 1888.
v. Dommer, »Handbuch der Musik-Geschich e«. Grunow, Leipzig, 1878.
Encyclopedia Brittanica, Articles »England«, »Hymn«, »Luther«, »Presbyterian«, »Puritan«.
Fisher, G. P., »Outlines of Universal Histo y«. American Book Company, New-York, 1885.
Green, J. R., »History of the English People.« 2 vol.
Grove, George, »A Dictionary of Music and Musicians.« Macmillan, London and New-York, 1895. Besonders Aufsätze von Crawford, Dannreuther, Rockstiv, Jenks und Prof. Spitta.
Helmholtz, »Die Lehre von den Tonempfindungen.« Vieweg, Braunschweig, 1877.
Langhans, W., »Die Musikgeschichte.« Leuckart, Leipzig, 1879.
Paul, O., »Geschichte des Klaviers.« A. H. Payne, Leipzig, 1868.
Reissmann, A., »Geschichte des deutschen Liedes.« Guttentag, Berlin, 1874.
Ritter, F. L., »Music in England.« William Reeves, London, 1884.
—— »Music in America.« Scribners, New-York, 1890.
Schumann, J. C. G., »Lehrbuch der Pädagogik.« Carl Meyer, Hannover, 1883.

Unter den laufenden Zeitschriften, die zu Rathe gezogen wurden, sind die wichtigsten:

»New-York Daily Times«.
»London Daily News«.
»New-York Daily Tribune«.
»Cosmopolitan« magazine New-York.
»The Forum« magazine.

Ferner Aufsätze über die Oper in Amerika, 1892 und 1893 erschienen:
»Music« magazine, Chicago.
»The Century« magazine, New-York; besonders Aufsätze über:
»The old Germania Orchestra«, Nov. 1875 und ein Artikel über:
»Opera in New-York« von Richard Grant White, März 1882.
»Harpers New-Monthly Magazine«, New-York.
»British & Foreign Evangelical Review«.
»Musical Times«, London.
»Christian Union«, New-York.
»Musikalisches Wochenblatt«.
»Neue Zeitschrift für Musik.

Indirekt benutzte Bücher:

Gould, N. D., »Church Music in America etc.« A. N. Johnson, New-York, 1853.
Hastings, J., »Dissertation on Musical Taste«. Mason Bros., New-York, 1853.
—— »Sacred Praise etc.« A. S. Barnes & Co., New-York, 1856.
Mainzer, J., »Gaelic Psalmtunes«. Edinburgh, 1844.

Vita.

Ich wurde in Spring Valley, Minnesota, U. S. A. am 29. September 1865 geboren, wo mein Vater Prediger an einer Kirche für innere Mission war. Ehe meine Schulzeit beendet war, zog unsere Familie nach Connecticut. Nachdem ich die Volksschule durchgemacht hatte und zwei Jahre praktisch thätig gewesen war, besuchte ich die High-School in Hartford. Dort machte ich einen vierjährigen Kursus durch und promovirte 1885. Gleich darauf trat ich in die akademische Abtheilung der Yale University in New-Haven in Conn. ein. Hier verbrachte ich vier Jahre und beschäftigte mich besonders mit neuerer Geschichte, allgemeiner Physik und Philosophie. In Anerkennung einer Abhandlung über »Literary Work of Richard Wagner« erhielt ich eine Anstellung als Redacteur des »Yale Literary Magazine«, einer Studentenzeitschrift. 1889 erhielt ich das Yale-diploma. Dann lehrte ich zwei Jahre in der High-School zu Norwich, Connecticut. Obgleich ich bis dahin beträchtlich für die Musik gearbeitet hatte, war sie meinen anderen Studien untergeordnet. Im Sommer 1891 kam ich nach Leipzig und wurde immatrikulirt an der Universität. Der spezielle Gegenstand meines Studiums war Geschichte, Theorie und Praxis der Musik.

Ich habe die Vorlesungen der Professoren Paul, Kretzschmar und Wiedemann gehört; besonders die Methoden des Musikunterrichts studirt und Privatunterricht in der Theorie und im Gesang gehabt.

Während meines Aufenthaltes in Leipzig habe ich im »Congregationalist«, (einer religiösen Zeitschrift) Boston, drei Aufsätze veröffentlicht über »The Church Choir:« — 1. Its History. — 2. Its Needs. — 3. Its Possibilities. Und in »Music« (einer Monatsschrift, von Mathews in Chicago herausgegeben) einen Aufsatz über das temperirte System der Stimmung und der neuerlichen Versuche Tasteninstrumente mit reiner Anstimmung herzustellen. Herrn Professor Paul auch an dieser Stelle für seine fördernde Theilnahme und Anregung zu danken ist mir eine angenehme Pflicht.

John Cornelius Griggs.